환대와 우정을 나누는 예배 공동체

기꺼이 불편한 예배

환대와 우정을 나누는 예배 공동체

기꺼이 불편한
예배

김재우 지음

초판 1쇄 발행　2021년　4월 28일
초판 4쇄 발행　2023년 10월 12일

발행처　도서출판 이레서원
발행인　문영이
출판신고　2005년 9월 13일 제2015-000099호

기획, 마케팅　신창윤
편집　송혜숙
총무　곽현자

경기도 고양시 일산동구 백석로71번길 46, 1층 1호
Tel. 02)402-3238, 406-3273 / Fax. 02)401-3387
E-mail: Jireh@changjisa.com
Website: Jireh.kr / Facebook: facebook.com/jirehpub

책값은 표지에 있습니다.

ISBN 978-89-7435-563-0

신저작권법에 의해 한국 내에서 보호받는 저작물이므로 저작권자의 서면 허락 없이 이 책의 어떠한 부분이라도 전자적인 혹은 기계적인 형태나 방법을 포함해서 그 어떤 형태로든 무단 전재하거나 무단 복제하는 것을 금합니다.

환대와 우정을 나누는 예배 공동체

기꺼이 불편한 예배

김재우

이레서원

| 추천사 |

찬양 인도자, 예배 사역자들의 본질적인 고민 중 한 가지는, "예배가 어떻게 우리의 삶으로 이어져야 할 것인가?"입니다. 다시 말하면, "하나님을 향한 사랑을 어떻게 구체적인 이웃 사랑으로 풀어 낼 것인가?"라고 표현할 수 있겠지요. 김재우 선교사님의 삶과 사역을 통해서 길어 낸 진솔하고 탁월한 통찰들이, 참된 예배의 길을 찾아가는 여정에 귀한 영감을 줄 것이라고 확신합니다.

강명식, 숭실대학교 음악원 교회음악과 교수

이 책은 저자가 나그네로서의 삶과 씨름을 우려내어 독자들에게 베푸는 따뜻한 환대의 차 한 잔과 같습니다. 다양한 민족과 공동체를 이루어 살아가는 저자와 주변 지체들의 생생한 이야기를 읽는 동안 우리는 그동안 몰랐던 하나님을 만날 수 있습니다. 이 책은 우리에게 도전을 주고 때로는 불편하게도 하지만, 책을 다 읽을 때쯤이면 우리 안의 하나님에 대한 이해가 더욱더 새로워지고 확장되어 있을 것입니다. 저자는 더 나은 본향을 사모하면서 고단한 길을 걷는, 그래서 서로의 환대가 너무나도 필요한 우리 모두를 이 기꺼이 불편하고 그래서 아름다운 환대의 삶으로 초대합니다.

김종대, 리제너레이션무브먼트 대표

4년 반 정도의 시간, 김재우 선교사님 가족의 삶을 가까이에서 지켜보았습니다. 이 책은 '열방을 향한 하나님의 열정'을 노래하고 이야기하는 이 가족의 여정입니다. 언제나 저에게 깊은 울림을 주는 이 믿음의 고백을 많은 분들과 함께 나누고 싶습니다.

전은주, 어노인팅 간사

이 책을 읽으며 떠오르는 현저한 개념은 '묵상'과 '성육신'입니다. 진지한 말씀 묵상이 기저에 깔려 있고, 깨달은 바가 전인적 실제로 이어지는 성육신적 여정이 엿보이기 때문입니다. 전문적인 신학 서적도 아니고 사역의 완전한 모델을 제시하는 내용도 아니지만, 예수님이 문자로 이루어진 신학적 명제를 던지는 대신 살아 숨 쉬는 몸을 가진 사람으로 우리 곁에 오신 것처럼, 저자는 이 책에서 자신의 존재에 복음을 담아 삶으로 그 복음을 소통하는 치열한 여정을 보여줍니다. 단언컨대, 이 책을 통해 당신은 어떤 신학 서적에서 배운 교리나 이론보다 더 깊고 통전적인 예배론, 교회론, 선교론, 그리고 복음의 본질에 대해 깨닫고 공감하게 될 것입니다.

정민영, 전 국제위클리프 부대표, 현 선교 컨설턴트

| 목 차 |

- 추천사 · 4
- 이야기를 시작하며 · 8

| 1장 |
누구를 예배할 것인가?

01	원함과 필요	· 13
02	예배, 진짜 좋았어요!	· 20
03	예배당에서도 말고 온라인에서도 말고	· 27
04	자기 노래를 부르라	· 34
05	백인 예수를 넘어	· 42
06	당연히 불편한 예배	· 48
07	다른 예배, 같은 하나님	· 56
08	함께 예배하기	· 63
09	나그네로 예배하기	· 71
10	질문만 있고 답이 없을 때	· 78
11	이사 오신 예수	· 85
12	예배 공동체를 향하여	· 92

| 2장 |
누구와 예배할 것인가?

13 싸우보나, 나는 너를 보고 있어!   · 101
14 난민이 왜 잘살죠?   · 108
15 지극히 작은 자 하나를 위한 예배   · 116
16 쌀람, 우리에게 평화를!   · 123
17 검으나 아름답다: 피부색을 넘어 하나님의 형상 보기   · 131
18 너의 노래가 우리의 노래가 될 때   · 138
19 한 사람을 위한 노래   · 146
20 몸의 거리, 마음의 거리   · 153
21 시간을 지킬 수 있는 특권   · 160
22 밥과 국을 주시며   · 166
23 춤을 추어야 예배이다   · 174
24 환대에는 용기가 필요하다   · 182

◆ 이야기를 마치며   · 189

이야기를 시작하며

너무나 아름다운 장면을 보아서 압도당한 순간에는 그것을 담으려는 어떤 시도를 할 수가 없다. 그저 경탄하고 놀라서 숨 쉬는 것조차 잊어버린다.

나는 청소년기에 그리스도인이 된 이후 줄곧, 영화 "오즈의 마법사"에 나오는 "Somewhere over the rainbow"라는 노래의 가사처럼 무지개 너머 어딘가에 내가 꿈꾸는 아름다운 예배 공동체가 있을 것이라고 기대했다. 그러나 해를 거듭할수록 나의 꿈은 산산조각 나고 공동체에 대한 실망과 피로감만 쌓여 갔다. 나 자신과 타인에 대한 깊은 절망이 나를 사로잡았다.

그 꿈을 접으려고 할 때, 다양한 사람들로 구성된 예배 공동체를 만났다. 전 세계에서 와서 한곳에 모인 이들은 자신의 문화와 언어뿐 아니라 여러 가지 깊은 상처와 트라우마까지 안고 왔다.

나는 이들과 예배드리며 전에 경험하지 못했던 하나님의 영광과 복음의 진리를 맛보았다. 예배에 대한 책을 많이 읽으면서 나는 눈으로 보고 손으로 직접 만질 수 있는 예배 공동체를 찾아 왔는데, 비로소 그 공동체를 만난 것이다. 이 공동체를 통해 나는 수시로 환대의 예배 가운데 실재하는 아름다움을 목도하며 경탄하지 않을 수 없었다.

이 책은 완벽한 공동체의 이야기가 아니며 예배에 대한 학문적인 내용을 다룬 글도 아니다. 다만 한 예배자의 고민과 여정을 담은 글이자, 목적지에 도착한 사람이 아닌 여전히 험난한 길을 걷고 있는 나그네의 이야기이다. 하지만 나그네는 이제 새로운 소망을 품고 있다.

완벽하지 않은 예배 공동체의 이야기이지만, 한편으로는 실재하는 아름다움을 모두 담지는 못했다는 아쉬움이 있다. 그래서 어쩌면 깊은 산 속에 피어 있는 한 송이 꽃처럼 그 아름다움을 다 숨겨 두는 편이 더 낫지 않았을까 하는 생각도 든다. 하지만 내 안에는 공동체를 아끼는 마음만큼이나 당신과 연결되고 싶은 갈망이 있다. 그렇기에 아직은 완성되지 않은 이 이야기를 나누고 싶다. 또한 이 책은 자신들의 아름다움을 당신에게 전할 겨를이 없는 이들의 목소리를 대신 담은 것이기도 하다.

나처럼 예배와 공동체에 대해 오랜 시간 질문을 던져 온 당신이 이 책을 통해 몇 가지 답을 얻을 수 있기를 바란다. 처한 상황은 다를지라도 당신이 이미 가지고 있었던 확신들이 다시 확증되고 검증되기를 바란다. 그리고 예배 공동체에 실망하여 소망을 잃어버린 당신에게 새로운 도전과 한 줄기 빛이 되기를 바란다.

이 책은 당신을 위한 나의 작은 환대이다. 언젠가 당신과 마주 앉아 예배와 공동체에 대해 솔직한 이야기들을 나눌 수 있으면 좋겠다.

1장

누구를 예배할 것인가?

01 원함과 필요

> 우주와 그 가운데 있는 만물을 지으신 하나님께서는 천지의 주재시니 손으로 지은 전에 계시지 아니하시고 또 무엇이 부족한 것처럼 사람의 손으로 섬김을 받으시는 것이 아니니 이는 만민에게 생명과 호흡과 만물을 친히 주시는 이심이라 (행 17:24-25)

깨어진 가정에서 자란 나에게는 큰 상처가 있다. 이 상처는 점차 아물어 가고 있지만 아마도 흉터는 계속 남아 있을 것 같다. 꽤 오랜 시간이 흘렀으나 지금도 그날이 영화 속 느린 화면처럼 생생히 떠오른다. 그날 나를 데리고 친척집으로 가면서 어머니는 한 번도 웃으시지 않았다. 가는 도중에 장난감을 사 주셨는데 당연히 기뻐해야 했을 어린 나는 평상시와는 다른 어머니의 행동에 살짝 불안감을 느꼈다. 어머니는 담담한 음성으로 내일 데리러 오겠다고 하셨다. 나는 의심 없이 그 말을 믿었지만 이후로 수년간 어머니를 볼 수 없었다. 그 이후부터는 마치 필름이 끊긴 것처럼 기억이 희미하다.

그래서일까? 자라면서 나는 누군가에게 꼭 필요한 존재가 되기를 간절히 원했다. 사람들의 관심과 주목을 받고 싶었다. 그렇지 못할 때면 자꾸만 작아지는 내 모습을 견디기 어려웠다. 학교에서는 선생님들에게, 교회에서는 사역자들에게 필요한 존재가 되고자 했다. 어렸을 적부터 음악을 좋아했던 나에게 십 대 때 교회의 중·고등부 찬양 인도자 자리가 쉽게 주어졌다. 하나님을 찬양한다는 그럴듯한 명목 아래서 나는 모두에게 더욱더 필요한 존재가 되고자 최선을 다했다.

하지만 갑자기 장난감을 사 주신 어머니의 행동에 불안감을 느꼈던 것처럼, 필요에 의해 맺어진 인간관계는 자주 나를 불안하게 했다. 필요에 의한 존재는 '필요'가 사라짐과 동시에 '존재'의 이유도 사라진다는 것을 알고 있었기 때문일까? 늘 불안했고 사람들의 평가와 시선에 민감했다. 은혜의 복음을 머리로 이해했고 입으로도 고백했으나 가슴으로는 믿지 못했다. 오직 쓸모 있는 존재가 되는 것만이 안정감을 느낄 수 있는 유일한 길이었다.

계속 예배의 현장에서 찬양 인도자의 위치로 서 있으면서, 나뭇잎으로 몸을 가린 아담과 하와처럼, 근원적인 수

치를 사역으로 가리려고 했다. 기타 뒤로 숨을 때면 안도감을 느끼곤 했다. 그때는 몰랐지만 예배의 자리가 철저한 자기기만의 자리가 될 수 있음을 나중에야 깨달았다. 찬양을 인도할 때 받는 사람들의 주목과 시선, 관심과 인정은 나로 하여금 더욱 그 자리로 향하게 했다.

나에게 가장 큰 두려움은 하나님과 사람들에게 필요 없는 존재가 되는 것이었다. 이런 존재는 곧 죽은 것이나 다름없었다. 내가 누구인지 알게 되면 모두 나를 떠날 것이라는 두려움이 종종 나를 덮쳤다. 결혼을 하고 아빠가 되고서야 조금씩 그 생각에서 벗어날 수 있었다.

갓난아기는 생존을 위해 부모의 도움이 절대적으로 필요하지만, 반대로 부모는 생존을 위해 자녀들이 필요한 것은 아니다. 부모는 갓난아기를 먹이고, 입히고, 씻기고, 기저귀를 갈아 주느라 수시로 잠을 포기하지만 아기는 부모를 위해 아무것도 하지 않는다. 그저 시도 때도 없이 큰 소리로 울어 댈 뿐이다. 아이가 걷기 시작하면 부모는 자녀의 보폭에 맞추어 걸어야 하기에 빨리 걸을 수 없다. 여행을 가면 아이들을 돌보느라 제대로 즐길 수도 없다.

아이들로 인해 고단하고 힘든 삶이 계속되지만 부모는 그렇다고 아이들이 사라져 주기를 바라지 않는다. 아이들이 필요 없고 실용적이지 않다 해도 없애 버려야겠다고 생각하지 않는다. 부모는 자녀들이 필요하지 않다. 하지만 자녀들을 원한다. 그것도 아주 간절히. 이는 자녀가 부모의 형상을 따라 지어진 존재이기 때문이다.

나중에 알게 되었지만, 나를 찬양 인도자로 세운 리더들은 내가 영적으로 잘 훈련되어 있거나 탁월한 지도력이 있어서 그 자리에 세운 것이 아니었다. 내가 몸담고 있던 작은 한인 교회에는 영적으로 미성숙하거나 믿음이 없는 이민자와 유학생들이 많이 오갔는데 그들은 이민과 유학 생활의 외로움을 교회에 와서 달랬다. 특히 찬양팀과 성가대는 믿음이 없더라도 들키지 않고 봉사할 수 있는 부서였다. 그곳에서는 다른 한인들을 만나 소속감을 느낄 수 있었다.

나 역시 크게 다르지 않았다. 한국에서는 성당에 다니며 영세까지 받았으나 미사를 드리며 하나님의 존재만 믿는 종교인이었을 뿐 참된 예배자는 아니었다. 미국으로 이민 와서는 지인의 소개로 한인 교회에 출석하게 되었고, 대중음악을 좋아하던 나는 현대적 음악을 연주하는 찬양팀에 어렵지 않게 들어갈 수 있었다.

신학적으로는 믿음이 없는 사람은 예배할 수 없는 것이 사실이다. 하지만 사역 현장에서는 신학적 옳음이 목회적 상황과 충돌하는 일이 자주 발생한다. 봉사할 사람이 많지 않은 작은 교회에서는 신앙을 고백하지 않은 사람도 찬양팀으로 받아들였다. 그렇게 봉사하다가 신앙을 갖게 되는 경우가 적지 않기 때문이다. 심지어는 음악적으로 이해할 수 없는 일들도 많이 있었다. 드럼과 베이스 기타처럼 한 대만 있어도 충분한 악기이더라도 누군가 다룰 줄 안다는 이유로 두 대, 심지어는 세 대까지 동시에 배치해서 연주하기도 했다. 그렇게 해서라도 그 사람을 계속 교회에 나오게 하기 위해서였다.

전문적인 시각에서는 웃어야 할지 울어야 할지 모를 이런 상황은 단지 '필요'만으로는 설명이 되지 않는다. 하지만 누군가를 원할 때, 어떻게든 그와 관계를 유지하고 싶을 때, 그렇게라도 해서 그가 믿음을 갖게 되기를 바랄 때, '원함'은 전에 없던 '필요'를 만들어 낸다.

아빠가 아이와 함께 있고 싶어서, "어깨 좀 주물러 줄래?"라고 요청하면 아이는 종종걸음으로 다가와 그 작은 손으로 아빠의 어깨를 주무른다. 그러면 아빠는 큰 소리로 외친다. "아유, 너무 시원하다. 정말 잘 주무른다." 원함은 이렇게 필요를 만들어 낸다. 그 필요가 실제로 도움이 되든지 그렇지 않든지 말이다.

태초에 공동체가 있었다

태초에 공동체가 있었다. 완전한 사랑으로 하나 됨을 누리는 이 공동체는 외롭지 않았고, 누구의 도움도 필요하지 않았다. 서로를 향한 존중과 신뢰, 사랑과 친밀함으로 꽉 찬 이 관계는 필요가 아닌 원함으로 인해 사랑을 낳았다. 사랑이 흘러넘쳐 무에서 유를 창조했고, 그것은 그분의 영광과 아름다움이 가득한 세상을 만들었다. 영원부터 영원까지 서로 사랑하는 공동체로 존재하시는 하나님, 우리가 아는 모든 아름다움의 근원인 그 사랑으로 지음받은 우리는 삼위 하나님을 예배하도록 그분께 부름받았다(사 43:21).

완전한 공동체로 존재하시는 하나님은 부족함이 전혀 없다. 그러므로 그분에게는 나의 도움이 필요하지 않다. 그런데도 그분은 자신을 향한 자기 백성의 예배를 원하신다. 칭찬에 굶주린 자존감 낮은 왕이시기 때문이 아니다. 예배는 하나님의 부족함을 채워 드리는 도구가 아니다. 하나님은 우리가 무시한다고 낮아지지도, 칭송한다고 높아지지도 않으신다.

예배는 아름다운 하나님을 향한, 당연하고도 자연스러운 행동이다. 그래서 우리는 하나님이 찬양받기에 합당하신 분이라고(worthy to be praised) 고백한다. 세상의 모든 아름다운 것에 찬사가 따르듯이 하나님을 향한 감격의 예배는 모든 피조물의 당연한 반응이다. 정작 예배가 필요한 것은 우리이다. 우리는 하나님을 예배해야 살 수 있다.

하나님은 무엇이 부족하거나 필요해서 사람을 만드신

것이 아니다. "우리의 형상을 따라 우리의 모양대로 우리가 사람을 만들고"(창1:26)라고 말씀하신 큰 우리가 자신의 형상을 따라 작은 우리를 만드셨다. 하나님은 우리를, 그리고 우리의 예배를 원하신다. 그 원함이 지금도 다양한 필요를 만들어 낸다. 하나님이 만들어 내는 모든 필요의 끝에는 그분의 원함이 있다. 그 원함이 강력한 자석처럼 영원한 사랑의 공동체 안으로 지금 이 순간에도 우리를 끌어당기고 있다.

02 예배, 진짜 좋았어요!

> 그 동네에 죄를 지은 한 여자가 있어 예수께서 바리새인의 집에 앉아 계심을 알고 향유 담은 옥합을 가지고 와서 예수의 뒤로 그 발 곁에 서서 울며 눈물로 그 발을 적시고 자기 머리털로 닦고 그 발에 입맞추고 향유를 부으니 (눅 7:37-38)

'이 노래는 몇 번을 반복해야 할까?' 수단 교회에서 단순하고 반복적인 찬양을 주바 아랍어(남수단에서 사용하는 변형된 형태의 아랍어)로 인도하며 속으로 생각했다. 나는 땀이 나고 힘이 드는데 사람들은 점점 더 찬양에 몰입한다. 어떤 이는 몸을 흔들고 누군가는 "오롤롤로로" 하며 크게 소리를 지른다. 몇 명이 무대 위로 올라와 춤을 추며 찬양한다. 이 예배가 언제 끝날지는 아무도 모른다.

우리 가족은 미국 남부 조지아주의 작은 도시 클라크스

턴(Clarkston)에 살고 있다. 이곳은 지난 20년이 넘는 기간 동안 전 세계에서 난민들과 이민자들이 이주해 정착해서 살고 있는 독특한 도시이다. 면적이 5제곱킬로미터도 안 되는 이 작은 타운 안에는 40여 개 나라에서 온, 60개 이상의 언어를 사용하는 전 세계인들이 모여 말 그대로 지구촌을 이루고 산다. 우리는 이곳에서 다양한 이들과 예배 공동체를 세우며 함께 살아가고 있다.

이들을 대상으로 다양한 상황에서 예배를 인도하다 보면 예배 때마다 각기 다른 반응을 보게 된다. 또 좋은 예배를 평가하는 기준도 저마다 다르다. 정숙하며 설교자에게 집중해야 예배를 잘 드렸다고 생각하는 이들도 있고, 설교자에게 계속 크게 화답해야 한다고 믿는 이들도 있다. 춤을 추어야, 또는 눈물을 흘려야 감동적인 예배라고 여기는 이들도 있다. 헌금 시간은 또 어떠한가? 예배 전에 미리 헌금함에 헌금을 넣기도 하고, 예배 중에 헌금 주머니를 돌리기도 하며, 과일과 곡식을 들고 춤을 추며 앞으로 나와 헌금하기도 한다.

예배가 끝난 후에 인도자를 찾아와 인사를 하는 방법도 제각각이다. 내 손을 꼭 잡고, "선교사님, 오늘 너무 은혜로웠어요" 하시는 권사님도 있고, "예배, 진짜 좋았어요!"라고 큰 소리로 외치는 청년도 있다. 예배 시간 내내 팔짱을 끼고는 노려보듯이 앉아 있던 한 백인 남성이 찾아와

"오늘 같은 예배는 처음이었습니다. 잊지 못할 것 같군요. 수고하셨습니다"라고 정중히 인사를 한 적도 있었다.

문화의 옷을 입는 예배

말씀이 육신이 되어 이 땅에 오셨을 때 당시 문화의 옷을 입으셨던 것처럼 모든 예배는 동시대 문화의 옷을 입는다. 어디서 누구와 예배하든지 그리스도인들은 자기가 속한 공동체의 예배가 성경적인 예배라고 굳게 믿고 있다. 하지만 문화의 옷을 입지 않은 성경적 예배는 존재하지 않는다.

대부분의 사람들은 문화에 대해 생각하지 않고 살아가는데, 이는 문화가 우리 일상의 무의식적인 영역에서 반복되는, 우리 자신을 나타내는 수많은 습관들과 우리 자신을 형성하는 가치관들의 총합이기 때문이다. 창공을 날아가는 새들이나 물속을 헤엄치는 물고기처럼 우리는 문화로 옷 입고 문화를 마시며 살아가지만 일상에서는 문화를 좀처럼 의식하지 못한다.

사도행전 17:26을 보자. "인류의 모든 족속을 한 혈통으로 만드사 온 땅에 살게 하시고 그들의 연대를 정하시며 거주의 경계를 한정하셨으니." 하나님은 우리가 살아갈 연대와 거주의 경계를 정해 주셨다. 우리가 역사의 어느 시기, 지구의 어느 곳에 거하든지 그곳에는 독특한 집단 문화가 발생한다. 어떤 예배 공동체이든지 특정 문화 안에 거하게 되며 그 공동체에 속한 개인 역시 동시대 지역 문화 안에서 하나님을 만나게 된다.

우리가 스스로의 문화를 의식하게 되는 경우는 다른 문화를 만날 때이다. 그런데 그럴 때 우리는 종종 불편함을 느껴서 그 불편함을 '다름'이 아닌 '틀림'으로 규정하기 쉽다. 조용한 예배를 경건한 예배라고 믿는 이들은 떠들썩한 예배를 경망스럽다고 정죄하고, 즉흥적으로 예배 요소를 바꾸는 것을 성령의 인도하심이라고 믿는 이들은 초 단위로 미리 기획된 예배를 율법적이라고 정죄한다.

오스 기니스는 특정주의(particularism)의 오류를 이렇게 지적한다.

> [특정주의란] 어떤 일을 하는 데는 단 하나의 특정한 기독교적 방법만이 있는데, 자신의 방법이 '바로 그 기독교적 방법'이라고 생각하는 것이다. … 하나님이 절대적으로 만드신 것을 그리스도인이 상대화시키는 것은 잘못이다. 그러나 하나님이 상대적으로 두신 것을 그리스도인이 절대화시키는 것도 똑같이 잘못이다.[1]

---

1 오스 기니스, 『소명』, 홍병룡 역(IVP, 2000), 163-164.

하나님은 어떤 예배를 좋아하실까?

문화적으로 적합한 예배는 상황화된(contextualized) 예배이고, 문화와 너무 섞여 그 본질과 대상까지 바뀐 경우는 혼합주의(syncretism)에 빠진 예배이다. 그렇다면 하나님은 어떤 예배를 좋아하실까? 예전적 예배? 은사주의 예배? 종족 음악과 예술적 표현을 사용하는 예배? 하나님은 어떤 리듬과 음악을 좋아하실까? 제일 좋아하시는 예배 요소는 무엇일까? 우리가 이런 질문에 답하는 순간 우리는 우리의 문화적 관점에서 답하고 있음을 인지해야 한다. 신약성경은 특정한 형식의 예배를 강조하지 않는다. 하나님은 우리에게 예배의 형식에 대해 자유를 허락하신 듯하다.

누가복음 7장에서는 예수께서 좋아하신 예배를 발견할 수 있다. 그 예배는 누구도 예측하지 못한 곳에서 모든 이의 상상을 초월하는 방식으로 드려졌다. 예수께서 한 바리새인의 집에 식사 초대를 받으셨는데 그곳에 향유를 담은 옥합을 가진 한 여인이 나타났다.

자, 이제 그녀가 당시의 모든 사회적 문화 코드를 무참히 깨뜨리며 예배하는 모습을 살펴보자. 우선 그녀는 예배할 자격을 갖추지 못한, 죄를 지은 자였다. 예배당에 나타나면 환대가 아닌 적대의 시선을 받는 그런 사람이었다. 그리고 그녀는 감정을 절제하지 못해 주변 사람들을 불편하게 만드는 존재였다. 그런 그녀가 눈물로 예수의 발을 적시고 머리털로 닦고, 예수의 발에 입을 맞추고 향유를 부었다. 여인은 예수의 몸에 가까이 다가가서 오해받을 만한 행동을 했다.

많은 나라의 교회 지도자들이 모인 국제 기독교 행사에서 예배를 인도했던 적이 있다. 같은 팀에 무용수가 있었는데, 무대 위에 앉아 있는 남성 지도자들 앞에서 여성 무용수가 춤을 추는 것이 부적절하다는 주최 측의 판단으로, 결국 그녀는 무대 밑에서 공연을 했다. 오늘날에도 이러한데, 예수의 발을 머리털로 닦는 여인의 모습을 그곳 사람들은 어떻게 바라보았을까?

지금의 문화적 판단 기준으로 보아도 너무나 부적절한 행동이 당시 현장에 모인 바리새인들의 눈에는 어떻게 보였을까? 안 그래도 예수께 트집을 잡으려던 종교 지도자들에게 이 사건은 말거리가 되기에 충분했을 것이다. 예수께서는 여인의 눈물과 입맞춤을 '환대'로, 향유를 '예배'로 받으셨다고 말씀하심으로써 사람들의 웅성거림을 잠재우신다.

이렇게 여인의 부적절한 표현을 자신을 향한 환대의 예배로 받으신 예수께서는 오늘날 자신의 예배만 성경적이고 다른 이들의 예배는 혼합주의라고 정죄하는 섣부른 판단에 과연 무어라고 말씀하실까? 예수께서 지금 우리 타운에 오신다면 아프리카 교회의 춤을, 카렌 교회의 길고 긴 대표 기도를, 아랍 교회의 푸짐한 만찬을, 전통 교회들의 예전을, 한인 교회의 통성 기도와 새 신자 환영 시간을 좋아하시지 않을까?

모든 예배는 성경적이며 동시에 그 시대와 그 지역의 문화적 옷을 입고 있다. 혹시 불편함을 느끼더라도 판단을 유보하고, 배우려는 자세와 열린 마음으로 내게 익숙하지 않은 예배에 임하면 어떨까? 어쩌면 그곳에서 "나는 이들의 예배가 좋다!"라고 말씀하시는 예수의 음성을 듣게 될지도 모른다.

03 예배당에서도 말고
　　 온라인에서도 말고

> 예수께서 이르시되 여자여 내 말을 믿으라 이 산에서도 말고 예루살렘에
> 서도 말고 너희가 아버지께 예배할 때가 이르리라(요 4:21)

이 세상에 존재하는 모든 것은 누군가가 상상했기에 존재한다. 우리가 존재하는 이유는 하나님의 상상 속에 우리가 있었기 때문이다. 몇 년 전 기독교 철학자 니컬러스 월터스토프(Nicholas Wolterstorff)가 강의에서 이렇게 말했다. "시인이 밤늦게 시 한 편을 쓰고 나서 잠을 청했는데 왠지 잠들 수 없었습니다. 시인의 상상 속에는 더 나은(better) 시가 존재하고 있었기 때문입니다. 더 나은 시를 완성하기 위해 밤새 고뇌하며 단어 하나를 찾던 시인은 결국 그 단어를 찾고서야 잠들 수 있었습니다."

우리는 하루에도 수십 번씩 상상의 세계에 빠진다. "점

심에 뭐 먹을까?"라는 질문을 받으면 다양한 음식을 상상하고, 성경을 읽으면서는 성경 속 인물들이 어떻게 생겼을지 상상한다. 하나님은 영이시지만 가끔 나는 하나님의 얼굴을 상상한다. 아무도 강요하지 않아도 우리는 상상을 한다. 더 나은 것들을 향해 상상의 날개를 펼친다. 우리 마음속에는 더 나은 시, 더 나은 작품, 더 나은 관계, 더 나은 교회, 더 나은 사회, 더 나은 세상을 향한 갈망이 존재한다.

나는 항상 더 나은 예배를 갈망해 왔다. '왜 이렇게만 해야 하지?' '다른 방법은 없는 걸까?' '이렇게 해야 한다고 말한 최종 결정자는 누구일까?' '처음으로 이렇게 하기로 결정한 사람은 누구이며 왜 그렇게 하기로 했을까?' 이런 질문이 꼬리에 꼬리를 물고 이어질 때마다 예배에 대한 거룩한 불만족이 솟아났다. 교회에서 예배 형식이나 순서를 정할 때 가장 크게 영향을 끼치는 법칙은 '늘 그렇게 해 왔기 때문'인 경우가 대부분이다.

예수께서 사마리아 여인에게 "이 산에서도 말고 예루살렘에서도 말고 너희가 아버지께 예배할 때가 이르리라"(요 4:21)라고 말씀하셨을 때 이는 예배에 대한 상상력이라는 불씨에 기름을 들이붓는 것과 같은 실로 파격적인 선포였다. 고든 콘웰 신학교의 "세계 기독교 센터"의 대표인 토드 존슨(Todd Johnson) 박사는 2020년 당시 세계 기독교 교단

의 수는 44,800개에 달하며 2050년에는 64,000개에 이를 것으로 예측한다.[2]

전 세계에 이렇게 다양한 교회와 교단이 존재하게 된 이유에는 숱하게 반복된 다툼과 분열의 역사가 있다. 로마 교회와 동방 교회 사이의 예수의 신성과 인성을 둘러싼 교리 논쟁, 성상 파괴 운동, 십자군 전쟁, 종교 개혁 지도자들 간의 예배와 교리에 대한 의견 충돌들, 그리고 지금도 이어지는 예배의 형식에 대한 논쟁들…. 다름은 곧 틀림이었고 틀림의 대가는 핍박과 전쟁, 분열이라는 부끄러운 결과를 낳았다.

하지만 그것만으로는 현재 교회의 다양성을 설명하기에는 한계가 있다. 연약함과 죄로 얼룩진 교회의 역사 가운데 하나님의 신비한 손길과 보호하심을 발견하는 것 또한 중요하다. 교회로 보이지만 교회가 아닌 것들은 결국 무너지고 만다. 하지만 진짜 교회는 무너지지 않는다.

하나의 언어를 사용하던 인간들은 온 땅에 흩어지는 것을 원하지 않았으나 바벨탑을 쌓아 올리던 중 소통이 불가능해져서 뿔뿔이 흩어지고 말았다. 이는 인간의 어리석음과 반역의 결과였다. 그러나 하나님의 구속의 섭리 안에서 보면 이 일은 불가피했다. 언어가 다른 이들이 여러

---

2 https://www.gordonconwell.edu/center-for-global-christianity/wp-content/uploads/sites/13/2020/01/Status-of-Global-Christianity-2020.pdf.

곳으로 흩어짐으로써 다양한 문화가 생겨나게 되었고 세계 곳곳으로 흩어진 교회는 현지의 언어와 문화 속에서 다양한 형태의 예배를 발전시켜 갔다.

> 아버지께 참되게 예배하는 자들은 영과 진리로 예배할 때가 오나니 곧 이때라 아버지께서는 자기에게 이렇게 예배하는 자들을 찾으시느니라 요 4:23

본질적으로 하나님이 찾으시는 것은 잘 기획된 예배가 아닌 참된 예배자이다. 참된 예배자가 없는 완전한 예배란 존재하지 않는다. 예배와 예배자는 항상 뗄 수 없는 불가분의 관계에 있다. 하나님께서는 예배자가 잘 준비된 예배를 가져와서 바치면, 먼발치에서 "수고했고, 이제 가봐"라고 말씀하시지 않는다. 가인과 가인의 제사, 아벨과 아벨의 제사처럼 예배와 예배자는 결코 분리될 수 없는 것이다.

구약 시대 때 꽤 오랜 기간 동안 이스라엘 백성은 정해진 곳에서 정해진 방식으로만 제사를 드렸다. 그들의 몸에 익숙한 예배였다. 그런데 예수께서 요한복음 4장에서 장소와 형식에 얽매이지 않는, 새 시대의 예배를 선포하신 것이다. 영과 진리로 예배하라는 명령은 단순하지만 어려운 일이다. 성막이나 성전에서 드렸던 제사처럼 구체적인 방법이 주어지지 않고 예배의 형식에 있어 너무도 큰 자유를 던지는 선언이었다. 예수께서는 영과 진리로 아버지께 예배하는 새로운 때가 도래하셨음을 선포하셨다. 그리고 새 시대의 예배는 예배자들이 인종, 문화, 언어, 형식을 넘어 예배의 다양성을 추구하도록 한다.

이제 유대를 넘어 사마리아, 그리고 전 세계로 퍼져 나갈 예배 공동체는 어디에 있든지 그들이 처한 상황과 문화에 따라 자유로운 방식으로 예배할 것이다. 그리고 주변의 낯선 이들을 환대하면서 계속해서 예배 형식의 변화를 경험하게 될 것이다. 영과 진리로 드리는 예배의 본질은 흐리지 않은 채 더욱더 다양한 형식으로 예배드릴 것이다. 새 시대의 예배에는 상상력과 창의성이 필요하다. 이렇게 예배하는 시대가 활짝 열렸다. 이미 오래전에 열렸다.

그런데 현대 교회의 예배 논쟁은 이제 전통적인 예배가 옳은지 현대적인 예배가 옳은지를 넘어 대면 예배냐 비대면(오라인) 예배냐와 관련된 이슈로 달아오르고 있다. 나는 내 상상력의 한계를 넘는 창의적인 예배를 찾아다녔다. 예배에 대한 책도 읽고, 여러 콘퍼런스에 참여하고, 사역자들을 만나고, 다양한 예배 기획에도 참여했다. 많은 경우, 창의적인 예배란 결국 그러한 예배를 기획하고 구현할 수 있는 탁월한 시설, 풍부한 재정, 그리고 뛰어난 인재들이 있어야만 가능했다.

그런데 지난 몇 년간 전혀 예측하지 못했던 방식과 예상하지 못했던 이들을 만나 창의적인 예배가 무엇인지를 배웠다. 그들은 난민과 이민자가 되어 내가 사는 도시에 재정착한 이웃들이었다.

그들은 모일 수 없어서, 소리를 낼 수 없어서, 성직자가 없어서, 전기가 없어서, 성경이 없어서 아주 독특하고 신기한 방법으로 예배하는 법을 터득한 사람들이었다. 그들의 예배는 재정과 시설, 건물과 장비가 없어도 얼마든지 가능한 창의적인 예배였다. 그들의 사전에는 '예배할 수 없다'는 가능성은 존재하지 않았다. 오직 '어떻게 예배할 것인가?'라는 질문만 있을 뿐이었다.

남미에서 온 친구가 우루과이에서 선교사로 지낼 때 현지 성도들에게 들은 이야기를 전해 주었다. 1970년대 우루과이의 독재 정권 시절, 모든 예배가 금지되고 모든 성직자가 감옥에 갇혔다. 성도들은 성찬식이 너무나 하고 싶어서 정부에 자기들끼리라도 성찬식을 할 수 있도록 물과 빵을 달라고 요청했다가 거절당했다.

이에 성도들이 아이디어를 냈다. 포도주와 빵 없이 성찬식을 하기로 말이다. 성직자 없이 모인 그들은 빵이 있다고, 포도주가 있다고 상상하며 눈물로 성찬을 나누었다. 그 사건은 지금도 그 땅에서 교회의 순결함과 생명력을 드러낸 사건으로 기억되고 회자된다고 한다.

신학적으로 얼마든지 논쟁이 가능한 부분이고, 일반적인 상황이었다면 절대로 드릴 수 없는 예배였겠지만 그 특수한 상황에 놓였던, 그 예배에 참여했던 성도들에게는 평생 잊을 수 없는, 그리스도의 임재를 분명히 경험한 예배였으리라.

교회의 창의적 예배는 때로 충분한 예산과 자원이 아니라 변두리와 구석으로 몰리는 한계 상황에서 탄생한다. '여기까지가 내가 수용할 수 있는 성경적 예배'라고 선을 긋는 그 한계선 밖으로 밀려 나갈 때 의외로 그곳에서 주의 영광과 경이로움을 보게 되기도 한다. 예수께서 사마리아 땅에서 사마리아 여인에게 예배를 가르치신 장면이 당시 유대인들을 놀라게 했듯이 말이다. 나는 모험가처럼, 또 탐험가처럼 사람들이 예배할 수 있을 것이라고 상상하기 어려운 그곳에서 예배하고 싶다. 창조주를 예배하는 교회는 더욱 창의적이 되어야 한다. 창조주의 영인 성령이 오늘도 우리에게 창조성을 부어 주신다.

사마리아 여인에게 하신 예수님의 말씀을 오늘날의 표현으로 바꾸어 보면 이러한 내용이지 않을까? "내 말을 믿으라 예배당에서도 말고 온라인에서도 말고 너희가 아버지께 예배할 때가 이르리라."

04 자기 노래를 부르라

> 사람들이 만국의 영광과 존귀를 가지고 그리로 들어가겠고 (계 21:26)

서아프리카의 아이보리코스트(코트디부아르 공화국의 영어 이름)에서 오랫동안 메노나이트 교단 선교사로 사역했던 제임스 크레이빌은 지금은 달라스 국제 대학(Dallas International University)에서 민족 예배학(ethnodoxology)을 가르치고 있는데, 이는 모든 민족이 그들의 고유한 문화와 예술적 표현으로 삼위 하나님을 예배하도록 연구하고 장려하는 학문과 실천이다.[3] 그는 서구의 선교사들이 가져온 찬송가(hymns)와 현대적 찬양곡(contemporary praise and worship songs, chorus)이 아프리카에 소개되고 상황

---

3 https://www.worldofworship.org/.

에 맞게 변화되는 과정을 다음의 6단계로 정리한다.[4]

- 1단계: **수입**(Importation) – 선교사가 가져온 음계, 가사, 리듬이 현지에 도착함
- 2단계: **적응**(Adaptation) – 이것이 현지 스타일로 일부 변형됨
- 3단계: **수정**(Alteration) – 현지 스타일로 많이 변형됨
- 4단계: **모방**(Imitation) – 선교사가 가져온 음계, 가사, 리듬을 현지인들이 모방하여 새롭게 작곡함
- 5단계: **토착화**(Indigenization) – 현지인들이 자신들의 고유의 음계, 가사, 리듬을 사용하여 새롭게 작곡함
- 6단계: **국제화**(Internationalization) – 5단계에서 탄생한 곡을 세계 여러 곳에서 차용하여 자기 것으로 받아들임

한국에 사는 나이가 지긋한 성도가 "주님 뜻대로 살기로 했네, 뒤돌아서지 않겠네"라는 노래를 부른다면 우리는 이것이 한국의 전통 가락인지 서구에서 건너온 찬송가인지 알기 힘들다. 이 노래는 앞의 6단계 중 마지막 단계인 '국제화'가 이루어진 형태이다. 이 노래는 인도의 그리스도인 선다 싱의 고백을 인도 전통 민요의 곡조에 붙여 부른 것에서 시작되었다고 한다. 우리나라에 들어온 경로

---

[4] James R. Krabill, *Worship and Mission for the Global Church: An Ethnodoxology Handbook*(William Carey Library, 2013), 144.

를 추정해 보면, 인도에서 미국으로 간 이 노래가 빌리 그래함 목사의 전도 집회 때 많이 불리면서 국내에까지 소개된 것 같다. 그래서 국내에서는 서구 찬송가라고 알고 있는 것이다.

초기 한국 교회에서는 서구 선교사들이 가져온 찬송가를 번역하여 예배 때 불렀는데, 서양 음계가 낯설어서 음정에 상관없이 부를 때가 많았다고 한다. 최초의 찬송곡집은 감리회의 "찬미가"(1892년)였고, 언더우드 선교사가 편찬한 장로회의 "찬양가"(1894년)에는 한국인들이 작사한 곡이 일부 실려 있었다.[5]

나는 한국 교회와 미국의 한인 교회를 다니며 학창 시절을 보냈는데 그때 부른 대부분의 찬양은 영어가 원곡인 번역곡들이었다. 번역곡을 부르는 일은 너무나 당연해서 불편하지 않았고, 왜 번역곡들만 부르는지 의문조차 들지 않았었다. 그러다 언제부턴가 한국의 젊은이들이 영어 원곡들과 비슷한 스타일로 자작곡을 만들어서 부르더니 서서히 그 노래들이 한국과 미국의 한인 교회들로 퍼져 나갔다.

이미 1912년 이전에 한국인이 서양 음계에 가사를 붙여 작사한 찬송가가 있었고, 간혹 드물게 한국 음계를 사용

---

5 옥성득, 『다시 쓰는 초대 한국 교회사』(새물결플러스, 2016), 541.

해서 찬송가를 만들어 부르기도 하는 등 그 당시에도 찬송의 토착화를 위한 노력이 있었다고 하니 긴 세월을 돌아 번역 가사가 아닌 자기 가사로 다시 노래하게 된 셈이다.[6]

복음이 전해진 지역에 궁극적으로 자신학화가 일어나야 복음이 진정으로 그 땅에 뿌리를 내렸다고 할 수 있는데 현지인이 자기 고백이 담긴 노래를, 자기 언어로 만들어 부르는 것이야말로 자신학화의 분명한 증거이다. 다른 문화권의 그리스도인들이 그들의 언어로 만든 노래를 번역하여 하나님께 사랑을 고백하는 것도 좋지만 자기 노래로 사랑을 고백할 때 가장 진실한 마음을 담을 수 있지 않을까? 그래서 자기 언어와 자기 문화로 하나님을 찬양하는 것이 중요하다.

한편, 글로벌 교회에서는 남의 노래가 내 노래가 되듯, 내 노래도 남의 노래가 될 수 있어야 한다. 그런데 비서구 교회에서는 오랫동안 서구의 노래를 불러 왔으나 서구 교회에서는 비서구 교회의 노래를 잘 부르지 않는다. 예배와 찬양의 일방성과 불균형이 심각한 상태이다. 여기에는 식민지주의와 문화 우월주의가 자리 잡고 있으며, 오랫동안 서구가 비서구를 대상으로 해 온 일방적인

---

[6] 옥성득, 『다시 쓰는 초대 한국 교회사』(새물결플러스, 2016), 522.

㉔ 선교의 영향도 있다.

우리가 예배하는 하나님은 어느 한 지역에만 계시는 영이 아니다. 온 세계 만민들의 찬양과 예배를 받기에 합당하신 분이다. 하나님은 어느 특정 지역의 문화와 언어에 종속되지 않으시며, 어떤 문화와 언어도 하나님의 아름다운 영광을 다 담거나 표현할 수는 없다. 하나님은 특정 지역의 언어나 문화를 더 선호하지 않으시며, 모든 문화 안에 그분의 아름다움의 흔적을 남겨 놓으셨다. 그래서 인종주의나 문화 우월주의는 예배 안에 설 자리가 없다.

새 예루살렘의 모습을 묘사하는 요한계시록 21장을 보면 미래의 예배를 조심스럽게 그려 볼 수 있다. 전 세계 모든 교회가 자신의 영광과 존귀를 가지고 예배에 오는 모습을 상상해 보자. 그들이 맛있는 음식으로, 멋진 의상으로, 전통 악기와 음계로, 춤과 문양으로, 장식과 색상으로, 냄새와 소리로, 그리고 각기 다른 언어로 하나님을 예배하는 모습을 상상해 보자.

한국에서 열린 '선교한국 2016 대회'에서 예배를 인도한 적이 있다. 참가자들 대부분이 젊은이들이었고, 강사들은 전 세계에서 사역 중인 한국인 선교사님들이었다. 그 대회를 준비하면서 한국의 전통 민요 "아리랑" 곡조에 가사를 붙인 찬송을 발견했다. 교회 음악가 버투스 폴먼(Bertus Frederick Polman)이 영어로 가사를 쓴 것을 한글로 번역한 곡이었다.[7] 예배 중에 인도자인 내가 골로새서 1:17-19을 먼저 읽고, 1:20을 연주자가 해금 병창으로 불렀다. 그러자 그곳이 물을 끼얹은 듯이 조용해졌다. 드디어 아리랑 곡조가 그곳에 울려 퍼졌다. 나는 회중이 거부 반응이 없기를 기도하며 한 소절씩 인도해 갔다.

예수님은 모든 것의 근원이 되시니
말씀으로 세상 만물을 창조하셨네
주는 교회의 머리가 되시니
죽음 권세 이기신 우리 구세주

눈을 뜨고 회중을 보니 열심히 찬양을 부르고 있다. 나는 다시 눈을 감고 2절을 불렀다.

예수 안에 굳게 뭉친 하나님 자녀들
이 세상을 주의 나라로 만들어 가세
우리 생명도 주님의 것이니
주님 다시 오시면 영광 누리리

3절에 이르자 이제 내 가슴이 뜨거워진다. 눈에는 눈물이 고인다. 16세에 내 나라를 떠나 미국에서 이민자로 살

---

7   https://hymnary.org/text/christ_you_are_the_fullness.

다가 내가 태어나고 자랐던 고국에 다시 돌아와 한국 민요로 찬양하는 이 순간이 꿈을 꾸는 것 같았다. '내가 외국에서 만난 하나님이 이렇게 고국에도 항상 계셨었구나.' 이런 생각이 밀려왔다.

> 주의 자녀 한 몸 되어 진리에 살면서
> 온 세상에 주의 복음을 전파합시다
> 감사 찬송을 주님께 드리며
> 한 맘으로 이 복음 전파합시다

하나님은 모든 나라와 모든 민족의 찬양을 원하실 뿐 아니라 우리 자신의 이야기와 고백을 우리 자신의 노래로 부르기 원하신다. 국악 찬양이나 고전 무용을 해야 한다는 말이 아니다. 어느 시대, 어느 문화 안에 있든지 자신의 것을 가지고 주님 앞에 나아갈 수 있어야 한다. 물론 모든 문화에는 타락한 요소가 있기에 지혜롭게 선별하고 분별하는 과정이 필요하다.

역사에는 가정이 없다지만, 만약 조선에 들어와서 복음을 전했던 서구 선교사들이 처음부터 적극적으로 우리 민족에게 고유한 찬양을 만들어 부르도록 장려했다면 지금 우리는 어떤 멜로디와 고백을 담은 노래를 부르고 있을까? 우리의 찬송은 어떻게 진화하고 달라졌을까? 복음이

이 땅에 전해지기 이전부터 존재했던 악기와 음계, 고유한 언어와 표현들을 예배에 사용하는 것을 부적절하다고 여겨 성급히 폐기하기보다는 그 모든 것이 새롭게 거듭나서 창조주를 예배하는 상상을 해 본다.

05 백인 예수를 넘어

> 고향으로 돌아가사 그들의 회당에서 가르치시니 그들이 놀라 이르되 이 사람의 이 지혜와 이런 능력이 어디서 났느냐 이는 그 목수의 아들이 아니냐 그 어머니는 마리아, 그 형제들은 야고보, 요셉, 시몬, 유다라 하지 않느냐(마 13:54-55)

눈을 감고 예수의 얼굴을 상상해 보자. 예수의 피부색은 어떤 색인가? 눈은 어떤 색인가? 나는 이렇게 예수에 대해 상상할 때면 늘 금발에 푸른 눈을 가진 백인의 이미지가 그려진다. 이 모습은 그동안 내가 방문했던 교회들과 가정들의 벽에 걸린 액자나 달력에서 쉽게 발견할 수 있다.

미국의 화가 워너 샐먼(Warner Sallman)이 1941년에 그린 "그리스도의 얼굴"(The Head of Christ)은 전 세계에 복제되어 보급되었다. 내가 중남미와 아프리카, 아시아와 유럽을 여행하는 동안 이 그림을 발견하는 것은 그리 어렵지 않았다. 아프리카인 중에서도 피부색이 더 짙은 남수단인들이 모인 교회에도, 그리고 전 세계에서 온 난민들의 사진들로 가득한 미국 교회의 벽 중앙 가장 높은 곳에도 백인 예수의 그림이 걸려 있었다.

남미에서 온 친구가 어느 날 이렇게 물었다. "궁금해서 그러는데, 왜 미국에 있는 한인 교회는 선교 대회를 하면 강사가 다 백인이지?" 나는 그 질문을 듣기 전까지 그 점을 의식한 적도, 궁금해한 적도 없었다. 그러나 그날은 그 질문이 머릿속을 떠나지 않았다. 그러고 보니 내가 그리스도인이 된 후 읽은 책의 저자도 99퍼센트가 백인이었다. 선교 대회의 강사가 외국인인 경우에도 99퍼센트가 백인 선교사였다. 교회에서 부르는 찬송가의 작곡자도 대부분 백인이었다. 또한 백인이 찬양을 인도하는 모습이 예배 인도의 정석이라고 여겨졌다.

왜 우리는 그동안 이토록 백인 이미지의 예수와 백인이 가르치는 신학, 선교학, 예배학을 아무런 거리낌 없이 받아들였던 것일까? 유럽이 복음화되기 이전에 이미 복음이 아랍 세계와 아프리카, 아시아로 넓게 퍼졌음에도[8] 우

---

8   Vince L. Bantz, *A Multitude of All Peoples*(IVP, 2020), 1-3.

리는 왜 서구의 기독교를 맹목적으로 받아들이고 있었던 것일까?

티베트에서 수년간 사역한 영국 선교사님이 현지인이 그린 예수 그림을 보여 준 적이 있다. 그림 속에서 예수는 티베트인이었고, 그 배경에는 불교 문화의 흔적이 가득했다. 어렸을 때 할머니를 따라서 갔었던 절에서 보았던 그림들이 연상되어 거부감이 들 정도였다. 예수를 절에서나 볼 법한 모습으로 그려 놓다니…. 왠지 모를 혼란한 감정이 일어났다.

그런데 서구의 귀공자 같은 이미지의 푸른 눈의 예수는 왜 나에게 거부감을 일으키지 않았을까? 오히려 예수 시대 당시 팔레스타인의 평범한 남자의 모습을 컴퓨터로 복원하여 예수를 중동 남자로 그린 것을 보며 거부감을 느꼈던 것은 무슨 이유일까? 서양의 귀공자 예수, 불교권 이미지의 티베트인 예수, 그리고 중동의 투박한 모습의 예수 중 역사적 예수와 가장 가까운 것을 찾으라면 당연히 중동 남자였음에도 불구하고 내 안에 이미 친숙하게 형성된 예수의 이미지는 백인이었다.

남미 교회의 역사와 남미 신학에 대해 저술한 로버트 로메로는 이렇게 말한다. "하나님이 우리 고통을 자기 것으로 짊어지시려 인간의 몸을 입고 우리 가운데 거하기로 했을 때, 그분은 갈색 피부를 가진 인간이 되기로 결정하

셨다."⁹

예수께서는 전지하셨음에도 갓난아이의 모습으로 이 땅에 와서 언어와 문화, 예절과 삶의 양식을 긴 시간에 걸쳐 습득하셨다. 겉으로만 인간의 모습을 입은 것이 아니라 정말로 사회적 인간이 되셨다. 그분은 당대 최고의 힘을 휘두를 수 있는, 문화적으로 우월한 지역과 인종이 아닌 평범한 동네에서 갈색 피부를 가진 인간으로 오셨다.

지금 우리가 예수를 백인의 모습으로 상상하는 것은 오랜 세월 동안 세계를 지배해 온 식민지주의, 인종주의, 그리고 문화 우월주의의 영향 때문이다. 그동안 우리는 '하얀 것은 좋은 것이여'라는 전혀 복음적이지 않은 만트라를 어디에선가 배워서 반복해서 외워 왔다. 이제는 그동안 우리가 알아 온 백인 예수의 이미지가 아닌, 갈색 피부의 예수를 만나야 할 때이다.

예수께서 명령하신 "그러므로 너희는 가서 모든 민족을 제자로 삼아"라는 말씀이 완성되려면, 제자를 삼는 쪽과 제자가 되는 쪽이 있어야 한다. 그리고 점점 더 양쪽이 많아지고 다양해져야 한다. 궁극적으로는 모두가 서로의 제자가 되어야 한다. 그런데 너무나 오랫동안 한쪽은 계속해서 제자를 삼고, 다른 쪽은 제자가 되기만 했다.

---

9   Robert Chao Romero, *Brown Church* (IVP, 2020), 16.

그래서 한쪽은 제자를 삼을 줄만 알고 어떻게 제자가 되는지는 모르고, 다른 쪽은 제자가 될 줄만 알고 어떻게 제자를 삼는지는 모른다.

전 세계 모든 민족이 제자화되려면 모두를 제자로 삼아야 할 뿐 아니라 서로의 제자가 될 수 있어야 한다. 즉 제자화의 '일방성'에서 '상호성'으로의 변화가 필요하다. 나에게 하나님에 대해, 교회에 대해, 예배와 선교에 대해 가르쳐 준 백인 신학자와 목회자, 선교사와 예배 인도자에게 진심으로 감사한다. 그들에게 빚진 마음이 크다. 그들에게 정말 많은 것을 배웠다.

언젠가부터 나는 배울 것이 없다고 생각했던 비(非)백인들을 의도적으로 찾아가서 만난다. 아프리카에서, 아랍에서, 남미에서 신실하게 예수를 따르다가 내가 사는 동네로 이사 온 친구들과 멘토들을 만난다.

아르헨티나로 이사 가신 예수는 억압의 사슬을 끊는 참된 해방을 가르쳐 주셨다. 아르헨티나의 탱고 찬양 "Tenemos Esperanza"(우리에게는 소망이 있어요)를 아르헨티나 친구와 함께 듣고 부르면 핍박받으며 해방을 기다리던 남미 그리스도인의 간절함을 느낄 수 있다. 아르헨티나에 계신 예수는 갈색 피부의 남미 예수이시다(아르헨티나는 백인 인구가 대부분이지만 나는 지금도 존재하는 소수의 원주민을 말하고 있다). 시리아로 이사 가신 예수는 지금도 무슬림들의 꿈속에 자주 나타나셔서 중동인의 피부색을 띠고 자기 이름을 말하시며 그들을 인도하신다. 수단으로 가신 예수는 병든 자를 고치고 귀신들을 쫓아내시는 능력이 있는 분이다. 그분은 내전의 아픔을 치유하고 위로하신다.

나와 다른 문화, 다른 피부색을 지닌 이들이 만난 예수는 내가 몰랐던 예수였다. 내가 이제껏 알았던 백인 예수의 모습이 아닌, 다른 피부색으로 나타난 예수의 모습에서 나는 새로운 아름다움과 힘, 영광을 보게 되었다. 그는 지금도 지구촌 곳곳에서 전 세계인들을 자기에게로 이끄신다. 모든 이름 위에 뛰어난 이름을 가진 그는 각 나라 사람의 모습으로 나타나 그 이름을 다양한 언어로 전 세계에 알리고 계신다.

06   당연히 불편한 예배

> 그런즉 내 형제들아 먹으러 모일 때에 서로 기다리라 (고전 11:33)

공동체가 모여서 예배하는 날이면 아침부터 우리 가족은 몸과 마음이 다 분주하다. 저녁 식사를 함께하는 것으로 예배를 시작하기에 집을 치우고 필요한 식자재를 챙기느라 부산을 떤다. '오늘은 누가 올까?' 참석 명단이 미리 확보되면 좋겠지만, 온다고 하고는 오지 못하는 이들, 또 연락 없이 불쑥 오는 이들이 늘 있기 마련이라 몇 명이, 또 누가 올지 가늠하기가 어렵다. '오늘은 어떤 음식을 먹게 될까?' 미국과 세계 곳곳에서 온 이들이 준비해 오는 음식들은 매주 참석자들의 호기심을 자극한다.

아이들은 공동체 예배 시간 중 식사 시간을 가장 좋아

한다. 아이들에게 식사는 예배 전이나 예배 후의 순서가 아닌, 예배의 일부로 받아들여진 지 오래이다. 예배자들이 가져오는 다양한 음식과 후식을 맛보는 것이 아이들에게는 정말로 신나고 행복한 일이다. 아랍권, 아프리카권, 아시아권에서 온 그리스도인들에게는 예배하러 모여서 식사를 하는 문화가 일반적이다. 매주 포틀럭(Potluck)으로 나누는 저녁 식사에 우리 가족은 불고기나 잡채, 만두, 닭찜과 같은 한국 음식을 주로 내는데 언제나 인기가 좋다.

예배가 시작되려면 한 시간이나 남았는데 벌써 누가 온 모양이다. 예배자들은 우리 집 문이 잠겨 있으면 벨을 누르고, 열려 있으면 그냥 들어온다. 집에서 모이니까 미리 연락하고 오지 않아도 된다. 아내가 큰 소리로 첫 예배자를 환영한다. 그리고 그가 싸 온 음식을 확인하며 같이 기뻐한다. 어떤 이들은 재료를 가져와 우리 집에서 요리를 하기도 한다.

예배 전부터 예배가 끝날 때까지 사람들이 계속 들어온다. 음식을 들고 오지 않아도 전혀 상관없다. 어떤 날은 바닥에서 서로 몸을 붙이고 앉아야 할 만큼 사람들이 많이 오기도 하는데 이때에도 좋은 자리를 차지하려고 경쟁하는 경우는 거의 없다.

사람들이 어느 정도 모이면 큰 원 모양으로 둘러서서 서로 손을 잡고 식사 기도 노래를 부른다. "슈크란, 감사해, 그라시아스, 아싼떼." 아랍어, 한국어, 스페인어, 스와힐리어로 '감사해'라는 뜻인 이 단순한 노래는 우리 공동체에서 만들었다. 기도 후에는, 모임에 처음 온 게스트들이 먼저 식사를 하거나 때로는 가장 연장자나 가장 나이가 어린 아이들부터 식사를 시작하는 특권을 준다. 아이들이 먼저 시작하는 날이면 아이들은 신이 나서 환호하며 뛰어간다.

이 예배에는 나이가 많은 사람, 어린아이와 갓난아기, 몸이 불편하거나 장애가 있는 사람, 공통어인 영어를 잘하는 사람과 그렇지 않은 사람, 고정 멤버와 새로 방문한 사람이 섞여 있다. 장시간 어른들과 함께 예배해야 하는 아이들을 위해서는 그림을 그릴 수 있는 종이와 색연필이 항시 준비되어 있다. 아이들이 지루해하지 않도록 돕는 배려이자 동시에 글이나 언어가 아니어도 자신을 자유롭게 표현해도 된다는 허락이기도 하다.

예배는 이렇게 식사로 시작해서 오감으로 배우고, 느끼고, 표현하도록 진행된다. 왁자지껄한 파티 분위기의 식사 후에는 몇 곡의 찬양을 부르며 예배를 이어 간다.

그날 찬양을 인도하는 이가 누구인지에 따라 노래 스타일이 달라진다. 보통은 한 명이 아닌 여러 명이 돌아가면서 인도하는데 누군가가 끼어들어 즉흥적으로 노래를 부르기도 한다. 가사가 화면에 나올 때도 있지만 갑자기 부르는 노래는 그렇지 않다. 사람들은 이미 이 방식에 익숙해져서 자주 부르는 노래들은 외우고 있다. 종종 춤이나 움직임을 가미하기도 해서, 다 같이 일어서서 박수를 치거나 원을 그리며 빙빙 돌기도 한다. 장애가 있는 아이들도 함께 춤추며 찬양하는 모습을 보면 왠지 모를 감동이 몰려온다. '모두가 자유롭게 춤출 수 있는 곳이 바로 하나님 나라가 아닐까?' 하는 생각이 든다.

예배가 한창 진행 중인데 사람들이 계속 온다. 우리는 그들에게 왜 늦었는지 묻지 않으며 그들도 우리에게 미안해하지 않는다. 예배 중이라도 배가 고프면 언제든지 식사가 가능하다. 한번은 일이 바빠서 음식을 준비하지 못한 이가 빈손으로 오지 않고 바나나 한 뭉치를 들고 온 적도 있다. 무엇을 가져오더라도, 때로 빈손으로 오더라도 창피하지 않은 이 공동체가 있음이 얼마나 감사한지.

영어를 이해하지 못하는 사람이 온 날은 그 사람의 친구나 친척이 통역을 해 준다. 통역 부스나 기기가 따로 있지 않기에 참석자 모두가 한 사람을 위한 통역을 들어야 한다. 하지만 그 상황을 아무도 불편해하지 않는다. 예배 중에 눈물을 흘리는 이들이 매주 한두 명씩 있기 마련인데 그러면 어린아이들이 그 사람에게 다가가서 어깨에 손을 얹고 기도해 준다. 아이들이 어른에게 손을 얹고 위로하는 모습은 세상에서 가장 아름다운 모습 중 하나이다.

예배 중에 말씀의 깊이와 하나님의 임재에 압도되어 긴 침묵이 이어지기도 한다. 처음에는 이 시간이 어색했지만 이제는 공동체가 함께 하나님이 허락하시는 침묵을 분별하고 잠잠하게 있는 법을 배워 가고 있다. 침묵을 서둘러 깰 필요가 없다는 것을 알기에 누구도 나서서 언어로 빈 공간을 채우려 하지 않는다. 우리는 이 시간에 하나님의 임재와 공동체 구성원 서로의 존재를 평소보다 더 깊게 느낀다.

준비해 둔 예배 순서가 있지만 이렇게 침묵처럼 즉흥적인 순서가 생기기도 한다. 누가 기도 제목이나 자신의 이야기를 나눌 때 우리는 서둘러 결론을 내리거나 다음 순서로 넘어가지 않는다. 하나님께서 그 순간에 어떤 일을 하시는지 가만히 집중하고 분별한다. 우리는 성령의 인도하심을 받는 교회의 집단 지성과 분별을 신뢰한다. 하나님이 얼마나 많이 침묵과 갑작스러운 순서를 통해 말씀하고 일하시는지 자주 경험했기 때문이다.

예배는 대부분은 정한 시간을 훌쩍 넘어 끝난다. 때로는 꿈을 꾼 것 같고, 때로는 세상에서 가장 아름다운 영원의 시간을 보낸 것처럼 느껴지며, 때로는 특별한 사건 없이 지나가기도 하지만 이 또한 소중한 시간으로 자리 잡으며 막을 내린다.

젊은이들은 예배 후에도 음식을 먹으면서 또다시 이야

기꽃을 피운다. 자정이 넘은 시간까지 교제가 계속될 때면 우리 가족은 빠져나와 잠자리에 든다. 일찍 가는 이들에게는 남은 음식을 싸 준다. 혼자 사는 이들에게 제일 마음이 쓰이는지라 이들을 먼저 챙겨 준다. 이렇게 또 한 번의 예배가 끝난다. 저녁 식사를 함께하는 것을 시작으로 자정까지 나눈 음식과 노래, 말씀과 교제가 우리의 살이 되고 피가 된다.

바울은 고린도전서 11-14장에서 고린도 교회의 한 예배 모임을 설명하면서 특히 11:17-34에서는 교회의 성만찬을 이야기한다. 우리는 여기서 "주의 몸을 분별하지 못하고 먹고 마시는 자"(고전 11:29)를 흔히 '사적으로 지은 죄가 있어서 성만찬에 참여할 수 없는 개인'으로 생각하는 경향이 있다. 이에 대해 알렌 크라이더와 엘리노어 크라이더는 바울이 말하는 주의 몸이란 '공동체'를 뜻하며, 그 당시의 성찬은 그리스도인들이 모여 함께하는 공동체 식사였다고 주장한다.[10]

성찬과 만찬이 분리되지 않았던 초대 교회의 예배에서는 재정과 시간의 여유가 있는 이들은 먼저 와서 식사를 할 수 있었고 그렇지 않은 이들은 늦게 와서 남은 음식을 먹거나 혹은 식사를 못 하는 경우가 생겼을 것이다. 그렇

---

10 Alan & Eleanor Kreider, *Worship and Mission after Christendom* (Herald Press, 2011), 97.

게 만찬에서 소외당하는 이들은 당연히 불편한 감정을 드러낼 수밖에 없었으리라. 그런데 이 상황은 우리가 예배하는 그리스도가 가르쳐 주신 그분을 기억하는 방식과는 전혀 맞지 않았다. 한 몸인 교회가 밥을 먹는 식탁에서조차 하나 될 수 없다면 그 모임은 유익이 되지 않고 도리어 해롭기까지 하다고 바울이 말하고 있는 것이다.

다세대이며 다문화 예배 공동체인 우리 공동체에서 모두가 동의하는 부분이 있는데 그것은 함께하는 예배는 불편하다는 사실이다. 그렇기에 우리는 편한 예배를 기대하지 않는다. 한도를 넘는 소음, 처음 맡아 보는 냄새, 적합하지 않은 실내 온도, 부대껴 앉아야 하는 자리, 못 알아듣는 언어, 낯선 음악 스타일, 너무 길거나 너무 짧은 설교, 입에 맞지 않는 음식, 예배 중에도 계속해서 들어와서 집중을 깨트리는 이들, 낯선 얼굴의 방문객…. 서로를 불편하게 하는 요소는 셀 수 없이 많다.

그런데 우리 공동체에서는 이렇게 불편한 예배를 아무렇지 않게 여긴다. 어린아이들조차 이 불편함을 지극히 당연하게 받아들인다. 우리는 언제부터 편한 예배를 당연한 것이라고 여기게 되었을까? 왜 함께 예배하지 않고 세대별로, 선호하는 형식에 따라, 또는 인종별로 나누어서 예배하게 되었을까? 오랫동안 예배 인도자로 지내 온 나는 예배 후에 불편함을 호소하는 이들을 많이 만났다. "마이크 소리가 너무 크고, 음악 스타일이 이상하며, 예배당의 장식도 맘에 안 들고, 예배팀의 복장이 단정하지 않다, 예배 형식이 너무 복잡하다, 아니 너무 자유롭다" 등등.

그런데 아직까지 이렇게 불평하는 사람은 만나 본 적이 없다. "나 이 교회 오래 다녔고, 지금 예배도 좋지만, 우리 교회에 젊은이들이 나와서 예배할 수 있도록 형식을 좀 자유롭게 바꿨으면 좋겠어. 나이 든 사람들한테만 맞추는 것 같아서 말이야." "저는 큰 소리로 연주하고 부르는 모던한 찬양이 좋지만 우리 교회 어르신들이 힘들어하시는 것 같으니 좀 조용하게 예전 찬송가도 불렀으면 좋겠어요."

언젠가 이런 불평도 들을 수 있지 않을까?

07 다른 예배, 같은 하나님

> 몸이 하나요 성령도 한 분이시니 이와 같이 너희가 부르심의 한 소망 안에
> 서 부르심을 받았느니라 (엡 4:4)

미국 남부의 한 교회에서 내가 속해 있는 다민족 사역 공동체가 와서 다민족 예배를 인도해 달라고 요청해 왔다. 그 주일은 미국의 독립 기념일을 기리는 날이었다. 미국 남부의 교회들에서는 국가 공휴일에 애국을 강조하면서 전쟁 유공자들을 예배 때 일어서게 하여 그들의 희생에 감사와 존경을 표현하는 경우가 흔하다.

이런 정서에 공감하며 신앙과 애국의 일치를 당연시하는 성도들이 있는가 하면 민족주의 혹은 국가주의와 신앙의 결합에 강한 불만을 표시하며 이를 신앙의 혼합화라고 보는 이들도 있다. 이들은 특히 예배당에 국기를 걸거나

예배 중에 국가를 부르는 행위, 그리고 하나님이 우리의 편이라고 주장하며 전쟁을 미화하는 일 등을 못마땅하게 생각한다.

우리 공동체는 한 가지 고민이 생겼다. 그날 부르려고 선곡한 곡 중에 아랍어 찬양이 있었던 것이다. 그 찬양에는 '알라'라는 단어가 나온다. 보수적인 백인 기독교인들이 대다수인 교회에서 아랍어로 찬양한다는 것은 그 자체로 큰 모험이다. 911 테러 이후 그들 안에는 보편적으로 반 이슬람 정서가 퍼져 있었다. 게다가, 아랍의 그리스도인들이 부르는 하나님의 이름인 '알라'를 이슬람의 '알라'로 오해할 수도 있었다. 더 나아가서, 우리가 아랍어로 노래하려는 날이 하필 미국의 애국 주일이라니….

고민 끝에 우리는 계획대로 아랍어 찬양을 부르기로 했다. 우리가 그 교회를 방문하는 목적이 하나님과 하나님을 예배하는 방식에 대해 새로운 경험과 관점을 선사하기 위해서이므로 사람들의 심기를 불편하게 하는 한이 있더라도 우리는 우리의 부르심에 충실해야 한다는 이유에서였다.

드디어 그날이 왔고 예배가 시작되었다. 전직 군 장교였던 분이 대표 기도를 했다. "살아 계신 하나님, 자유와 평등을 지키는 미국을 보호하시고 사랑하시는 하나님, 오늘 우리는 이 나라의 자유의 가치를 위해 싸우다 먼저 떠난 모든 이들을 기억합니다. 그리고 계속해서 주님이 이 나라를 축복해 주시기를 기도합니다⋯." 애국심이 가득한 그의 기도가 이어지는 동안 나와 팀원들은 점점 더 긴장이 되었다. 이제 우리가 찬양을 인도하고 메시지를 전할 차례였다. 영어, 스페인어, 한국어 찬양을 부른 후 아랍어로 노래할 때가 되었다.

순서를 맡은 우리 미국인 팀원이 먼저 입을 열었다. "여러분은 이제 아랍어로 찬양하실 텐데요." 나는 회중의 표정을 관찰하며 속으로 기도했다. '주님, 도와주세요.' 동료가 계속해서 말을 했다. "이 찬양에는 알라라는 가사가 나옵니다." 몇몇 사람들의 얼굴이 약간 굳어졌다. "알라는 무슬림들이 이슬람의 신을 부르는 단어이자 동시에 아랍권에서 아랍어를 쓰는 우리 형제자매인 그리스도인들이 하나님을 일컫는 단어입니다. 그러므로 우리가 찬양 중에 알라를 부를 때 이것은 유일하신 삼위 하나님의 이름을 의미하는 것임을 알아 주시기 바랍니다."

그들의 표정이 조금 누그러졌다. 하지만 어떤 이들은 그 단어를 사용하는 것이 여전히 불편할 것이었다. 그래도 큰 산을 하나 넘었다.

나는 설교 중에 이런 내용을 나누었다. "저는 어린 시절 한국에서 자라며 획일화된 삶을 살았습니다. 초등학교 때는 학교에서 정해 주는 메뉴로 점심 급식을 먹었고, 학교에서 제공하는 우유를 매일 마셨습니다. 중·고등학교 때는 머리 길이를 일정하게 유지해야 했으며 교복을 입어야 했습니다. 그래서 저는 자연스럽게, 하나 됨을 곧 획일화라고 생각했습니다. 모두가 똑같은 모양이 되는 것을 하나 됨으로 여긴 것입니다. 나중에서야, 성경이 말하는 하나 됨은 다양성 안에서의 일치임을 알게 되었습니다. 성경은 마침내 모든 족속과 백성과 방언에서 나와 모인 이들이 함께 예배하는 그림을 보여 줍니다. 그리스도 안에서 하나 된다는 것은 획일성이 아닌, 서로의 다름에도 불구하고 그리스도로 인해 하나가 되는 것을 뜻합니다. 오직 그리스도만이 우리를 하나 되게 하실 수 있습니다."
다행히도 메시지가 잘 전달되는 것 같았다.

마지막 찬양을 인도하기로 한 우리 팀원이 마이크를 들었다. "오늘 우리는 미국의 독립 기념일을 기억하며 자유에 대해 묵상하고 있습니다. 그러나 가장 큰 자유는 그리스도께서 허락하신 참자유, 미국뿐 아니라 모든 열방에 허락하신 진정한 자유가 아닐까 합니다. 함께 마지막 곡을 부르겠습니다."

다행히 우리가 준비한 모든 순서가 큰 무리 없이 흘러갔다.

예배가 끝나고 안도의 한숨을 내쉬고 있는데 대표 기도를 맡았던 그 사람이 내 앞으로 저벅저벅 걸어왔다. 나는 혹시 내가 그의 심기를 불편하게 한 것은 없었는지, 실수로라도 잘못 내뱉은 말이 있지는 않았는지 재빨리 떠올려 보았다. 무뚝뚝한 얼굴을 한 채로 그가 이렇게 말했다. "저는 군인으로 평생을 살아오며 당신이 오늘 말했듯이 획일성을 하나 됨으로 생각해 왔습니다. 그런데 오늘 당신의 메시지를 들은 후 하나 됨이 꼭 획일적일 필요는 없다는 것을 깨달았습니다. 그래서 감사하다고 말하려고 왔습니다." 그가 내게 악수를 청했다. 그의 눈빛에서 진정성이 느껴졌다. 나는 속으로 고백했다. '하나님, 감사합니다.'

성경 번역 선교사인 정민영 선교사는 "성육과 번역의 종교"라는 글에서 이렇게 말한다.

> 경전이란 종교의 창시자가 사용한 언어로 기록되는 게 상식이다. 코란은 이슬람교 창시자 무함마드가 사용한 아랍어로 기록됐다. 힌두 경전들도 힌두교를 태동시킨 브라만 승려들이 사용한 산스크리트어로 베다경을 기록했다. 이는 당연한 이치다. 그러나 기독교의 중심이신 예수 그리스도께서 사용하신 언어는 아람어인데 신약 성경은 당대 로마 제국의 공용어인 헬라어로 기록됐다. 즉 기독교의 경전은 처음부터 번역 과정을 거쳐 기록된 것이다. 그래서 일부 학자는 기독교를 '번역의 (또는 번역된) 종교'라 부른다. 신약 성경이 예수의 언어가 아닌 고대

그리스어인 헬라어로 기록됐다는 사실의 의미를 곱씹어 볼 필요가 있다. 창시자의 말을 있는 그대로(문자적으로) 보존하는 데 가치를 부여한 일반 종교와 달리 기독교는 처음부터 메시지의 전달과 소통에 강조점을 둔 '선교적 종교'였다.[11]

언어, 음악, 그리고 예배 형식은 본질을 담는 그릇이지 본질 그 자체가 아니다. 심지어 하나님의 이름조차 언어와 문화에 따라 다르게 부른다. 그런데 우리는 그릇이 바뀔 때 그 상황을 본질에 대한 타협인 양 두려워한다. 본질은 타협되어서도 안 되고 결코 타협될 수도 없다. 기독교 메시지와 신앙에는 배타적인 부분이 분명히 존재한다. 모든 족속과 방언과 백성과 나라 가운데에서 나와 모인(계 5:9) 이들은 동일한 신앙 고백, 즉 그리스도의 구속에 대한 가사를 노래한다고 요한계시록은 말하고 있다(계 7:9-10).

기독교 신앙에는 그리스도 외에는 우리를 하나로 만들 수 있는 다른 중심적인 요소가 없다. 성경의 원어나 기독교 성지는 우리 믿음과 신앙의 본질이 아니다. 말씀이 육신이 되어 우리 곁에 거했듯, 메시지는 현지어로, 성지는 내가 있는 곳으로, 예배는 우리에게 익숙한 문화로 번역될 수 있고 번역되어야 한다.

---

11 국민일보 원본 링크 http://news.kmib.co.kr/article/view.asp?arcid=0923968854.

"몸이 하나요 성령도 한 분이시니 이와 같이 너희가 부르심의 한 소망 안에서 부르심을 받았느니라"라고 말한 사도 바울은 바로 전 구절에서 이렇게 명령한다. "평안의 매는 줄로 성령이 하나 되게 하신 것을 힘써 지키라".

에베소 교회에 "하나가 되라"라고 말하는 대신 성령이 이미 하나 되게 하신 것을 "힘써 지키라"라고 명령한다. 이것을 글로벌 교회, 즉 전 세계에 퍼져 있는 그리스도의 몸에 적용하면 지나친 확대 해석일까? 지금도 한 성령 안에서 전 세계적으로 연결된 그리스도의 몸이 존재하고 있다면 지나친 비약일까? 하나 되려고 힘쓰는 대신 이미 존재하는 하나 됨을 지키기 위해 노력한다는 것은 과연 어떤 뜻일까?

우리는 때로 우리와 다른 모양으로 예배하는 이들이 우리와 같은 하나님을 예배하지 않는다고 판단한다. 이는 섣불리 결론을 내려서는 안 되는, 매우 중요한 사안이다. 하지만 반대의 경우 또한 너무나 무서운 일이 아닐 수 없다. 같은 모양으로 예배하고 있지만 정작 다른 하나님을 예배하고 있을 가능성 말이다. 이것이야말로 우리가 반드시, 그리고 자주 점검해야 할 사안이다.

08   함께 예배하기

> 유대를 떠나사 다시 갈릴리로 가실새 사마리아를 통과하여야 하겠는지라
> (요 4:3-4)

유럽이나 미국의 오래된 교회들 옆에는 성도들이 묻힌 묘지가 있는 경우가 흔하다. 지금처럼 교통과 통신이 발달하지 않았던 시대에 태어난 사람들은 평생 고향을 떠나지 않고 그곳에서 살면서 가까운 교회에 모여 예배드렸고, 생명이 다하면 자연스럽게 그곳에 묻혔다. 그러다가 교통과 통신이 발달하게 되면서 점점 더 많은 사람이 자신이 태어난 곳을 떠나 타지로 이동했다. 인류 역사상 지금처럼 대이주의 시기는 없었다.

조부모와 부모, 일가친척이 한데 모여 옹기종기 살았던, 배우자마저 자신이 정할 수 없었던 그 시대에서 관계

는 선택이 아니라 주어지는 것이었다. 그 관계를 마치 하늘이 내려 준 운명처럼 받아들이고 살아가야 했다.

우리는 이제 관계를 선택할 수 있다. 매스 미디어(대중 매체)를 넘어 소셜 미디어 시대를 살아가는 우리는 컴퓨터나 TV, 휴대폰에서 내가 보고 싶은 것만 골라서 볼 수 있다. 이전 세대는 보고 싶지 않고 듣고 싶지 않은 불편한 장면이 나오면 채널을 돌리는 약간의 수고를 해야 했지만 이제는 아예 그러한 장면이 내 눈에 띄지 않도록 설정해 놓을 수 있다. 또한 지리적으로 가까운 곳에 사는 이들이라도 얼마든지 서로에게 관심이나 눈길을 주지 않고 살아갈 수 있다. 일상의 동선이 겹치지 않는 한 낯선 자를 마주치지 않아도 되며, 나를 불편하게 만드는 지역은 피해서 다니도록 GPS를 설정해 놓으면 된다.

예수와 제자들이 활동하던 당시에도 그런 곳이 있었다. 사람들이 눈길을 주지 않기로 작정한 곳, 불편을 감수하더라도 우회하여 돌아가던 곳, 이름만 떠올려도 역겨운 이들이 사는 곳, 사마리아, 그곳은 유대인들에게 차별과 혐오가 정당화된 장소였다. 유대인들에게 사마리아인들은 짐승만도 못한, 비인간화된 타자였다. 그들과 함께 예배한다는 것은 상상 속에서조차 불가능한 일이었다.

"사마리아를 통과하여야 하겠는지라"(요 4:4). 모두가 이미 지나쳐 가기로 결심한 그곳을 예수는 통과해 가야겠다고 하신다. 꼭 이루어야 할 일인 것처럼 결연한 신적 의지가 담긴 이 구절이 나는 좋다. 내가 피해 간다고 해서 그들이 존재하지 않는 것은 아니다. 눈길을 주지 않는다고 해서 얼굴이 없어지는 것도 아니며, 부르지 않는다고 해서 이름이 없어지는 것도 아니다. 단지 채널을 돌리고 화면을 밀어 넘겨 내 불편함을 없애고 있을 뿐이다. 그러나 주님은 모두가 피해 가던 사마리아를, 아니 정확히 말하자면 사마리아인을 피해 가지 않으셨다.

목사의 아들이었던 빈센트 반 고흐는 화가가 되기 전 광부들을 대상으로 사역하는 전도자가 되고자 헌신한 적이 있다. 벨기에 남부 탄광 지대 보리나주에서 광부들과 지낼 때 동생 테오에게 보낸 편지를 보자.

> 이곳 마을들에는 왠지 황량한 분위기가 감도는데, 너무 한적해 아무도 살지 않는 곳 같아. 모든 생활이 지하에서 이뤄지기 때문이야. 여기서 몇 년 산다고 해도 갱 안으로 들어가 보지 않으면 정확한 생활상을 이해할 수 없어. … 탄광 안으로 내려가는 기분은 정말 끔찍해. 두레박처럼 생긴 상자 또는 우리 같은 것에 들어가 내려가는데, 그 우물이 500-700m 깊이야. 땅속에서 올려다보면 해 드는 부분이 밤하늘 별처럼 작게 보여. 처음에는 바다 위 배에 있는 기분이지만 그보다 더 끔찍해. 다행히 그 기분은 오래가지 않아. 광부들에게는 익숙한 일이지

만, 그래도 극복하기 어려운 공포감과 혐오감에서 헤어 나오기란 어려울 수밖에 없지. 일단 아래로 내려가면 끔찍한 느낌이 없어져. 이 고통도 땅속에서 보게 되는 모든 것으로 크게 보상받게 된단다.[12]

고흐는 가난하고 소외된 자들의 한가운데로 들어가서 병자들을 돌보고 성경을 가르쳤다. 그들과 같은 수준에서 같은 옷을 입고 같은 음식을 먹으며 초라하게 생활했다. 하지만 지나친 성육신은 사역자에게 적절하지 않다는 이유로 전도자의 직분을 잃게 된다. 소외된 이들의 삶 속으로 직접 들어가 본 것과 그렇지 않은 것, 땅속 깊숙이 내려가 가장 어두운 곳에서 인생을 보내는 이들의 처절한 모습에서 하나님의 형상을 본 것과 보지 못한 것은 이렇게나 차이가 있다. 고흐는 그 상태로 한동안 그곳에서 광부들과 함께 생활하다가 결국 화가의 길을 선택한다.

잠시 광산을 방문했던 그가 장기적으로 그곳에 들어가 살기로 결심하기 전에 쓴 편지를 보자.

너도 알다시피 복음서며 성서 전체의 근원 되는 기본적 진리는 '어둠 속에 떠오르는 빛'이야. 어둠에서 빛으로. 누가 그 빛

---

12 빈센트 반 고흐, 『고흐 영혼의 편지』, 김유경 옮겨 엮음(동서문화사, 2019), 192-193.

을 가장 필요로 할까? 귀 기울이는 건 누굴까? 내 경험이 가르쳐 준 바로는, 특히 캄캄한 탄광 안 광부들처럼 어두컴컴한 땅속에서 일하는 사람들이야말로 복음서에 크게 감동받고 또 믿는단다.[13]

반 고흐의 그림들에서는 강렬한 빛의 색채를 볼 수 있다. 특히 "별이 빛나는 밤"(The Starry Night)을 보면 밤하늘에 찬란히 빛나는 별과 달, 그리고 집집마다 창문으로 새어 나오는 불빛이 인상적이다. 하지만 그림의 중앙에 있는 교회당에서만 유독 불빛이 새어 나오지 않는데, 혹시 그 이유가 그가 겪은 교회에 대한 깊은 실망 때문은 아니었을까?

미국에서 나고 자란 한인 2세들을 위한 교회에서 찬양 인도자로 사역하고 있던 시절, 내가 일부러 찾아가지 않으면 만날 수 없는 이들이 누구일까 고민하다가 노숙자 쉼터를 방문했다. 이야기가 잘 되어서 나는 수년간 매주 한 번씩 그곳에 가서 찬양을 하고 말씀을 전했다. 그곳에서는 예배 후 노숙자들에게 식사와 숙소를 제공했다.

운영진이 나에게 한 가지 요청을 했는데, 설교가 끝나면 예수를 구주로 영접하기 원하는 이들을 앞으로 나오게 해서 영접 기도를 해 주라는 것이었다. 그 의도와 이유

---

13 빈센트 반 고흐, 『고흐 영혼의 편지』, 김유경 옮겨 엮음 (동서문화사, 2019), 184.

를 알면서도 매번 꼭 그렇게 해야 한다는 것이 조금은 부담스럽고 부자연스러워서 망설였지만 운영진을 존중하는 마음으로 매주 그렇게 인도했다.

한번은 저녁을 먹지 못하고 사역을 한 터라 쉼터 근처의 음식점에서 허기를 면하고 있는데 노숙자 한 명이 내게 밥을 사 달라고 요청했다. 내가 그에게 물었다. "바로 옆에 있는 쉼터에 가면 식사를 해결할 수 있을 텐데요. 혹시 그곳을 모르시나요?" 그가 답했다. "잘 알고 있지만 그곳에 가지 않을 거예요." "아니 왜죠?" "거기 가면 밥을 주는 대가로 종교를 강요하기 때문이에요. 그냥 밥을 주지 않고 꼭 예배에 참석하라고 하고, 예배 시간에는 하나님을 믿으라고 강요한다구요. 저는 밥 한 끼 얻어먹고자 그들이 원하는 대로 행동하기는 싫거든요."

물론 그는 내가 방금 거기서 구원 초청을 인도한 사람이라는 사실을 모르고 있었다. 그의 말은 상처가 되었지만 어쨌든 그는 내게 처음으로 진솔한 속마음을 나누어 준 노숙자였다. 나는 그에게 먹고 싶은 음식을 주문하도록 하고 값을 치렀다.

그다음 주에도 쉼터에서 찬양을 인도하고 말씀을 전했지만 구원 초청은 하지 않았다. 대신 그들 중 하나님을 만나기 원하는 이들이 있다면 주님께서 그들을 찾아가 만나 주실 것을 간절히 기도했다. 운영진의 심기를 불편하게 해서일까? 쉼터에서는 더 이상 나를 부르지 않았고 수년간의 사역은 그렇게 마무리되었다.

예배로의 부르심은 한 사람뿐 아니라 공동체를 향한 부르심이다. 성경은 하나님의 백성이 하나님께 반응하는 공동체 예배를 반복해서 강조한다. 공동체 예배가 없는 개인 예배, 또는 개인이 사라져 버린 공동체 예배는 온전한 예배가 아니다. 예배는 한 분이신 하나님 앞에 단독자로 서는 시간이자 동시에 하나님과 그의 백성, 즉 하나님과 공동체와의 만남이다.

누군가와 함께 예배하기 위해서는 그를 만나야 하며 만나기 위해서는 찾아가야 한다. 함께 예배한다는 것은 좀처럼 만날 수 없는 이들을 찾아나서는 의도적인 선택이다. 함께 예배함은 그들이 우리가 있는 곳에 나타날 때까지 마냥 기다리는 것이 아니라 직접 발 벗고 나서는 적극적인 행위를 요구한다. 하나님께서 지금도 영과 진리로 그분께 예배하는 참된 예배자를 애타게 찾고 계신 것처럼 말이다.

또 함께 예배한다는 것은 새롭게 예배해야 함을 의미한다. 내가 있는 곳이 아니라 그들이 있는 곳에서 예배할 수 있어야 하고, 내 방식만 고집할 것이 아니라 그들이 이해할 수 있는 방식으로 예배할 수 있는 유연성을 갖추어야 한다. 함께 예배한다는 것은 결코 쉬운 일이 아니며 복잡한 많은 문제를 야기한다. 하지만 우리에게 함께 예배하는 것 외에 다른 선택이 있을 수 있을까?

예수께서는 한 여인을 예배로 초대하기 위해 높디높은 문화와 차별, 혐오와 편견의 벽을 넘어 사마리아로 들어가셨다. 예수께서는 꼭, 그곳을 통과하셔야 했다.

09 나그네로 예배하기

> 예수 그리스도의 사도 베드로는 본도, 갈라디아, 갑바도기아, 아시아와 비두니아에 흩어진 나그네 곧 하나님 아버지의 미리 아심을 따라 성령이 거룩하게 하심으로 순종함과 예수 그리스도의 피 뿌림을 얻기 위하여 택하심을 받은 자들에게 편지하노니 은혜와 평강이 너희에게 더욱 많을지어다
> (벧전 1:1-2)

나는 몇 년에 한 번씩 사역을 목적으로 한국을 방문한다. 그날도 서울에서 지하철을 타고 약속 장소로 가고 있었다. 그 칸의 다른 긴 의자에는 사람들이 다 앉아 있었는데 유독 한 명만 앉아 있는 긴 의자가 눈에 띄었다. 거기에는 무표정한 얼굴을 한 흑인이 홀로 앉아 있었다. 나는 그가 있는 쪽으로 걸어가 그의 옆에 앉았다. 그는 나를 쳐다보지 않았으나 분명히 의식하고 있음이 느껴졌다.

내가 침묵을 깨고 말을 걸었다. "안녕하세요." 그가 약

간 의아한 얼굴로 나를 응시하며 살며시 고개를 끄덕였다. "저는 미국에 살고 있는데 잠깐 한국을 방문 중이에요. 당신은 한국에 살고 있나요?" 어디서 왔느냐고 다짜고짜 묻는 것은 외국인에게 썩 기분 좋은 일이 아닐 수 있기에 우회적으로 돌려 물었다. 그는 아프리카의 한 나라에서 왔으며 한국에 온 지는 5년이 되었다고 했다.

그러고는 한글 명함을 보여 주며 자기가 지금 맞게 가고 있는지 물었다. 명함에는 병원 이름과 주소가 적혀 있었는데 그는 반대 방향으로 가고 있었다. "다음 정거장에서 내려서 반대편 열차를 타야 해요." 내 말이 끝나자마자 열차가 곧 정거장에 도착한다는 안내 방송이 흘러나왔다. 그는 고맙다고 말한 후 서둘러 내렸다. 창밖으로, 어디로 가야 할지 몰라서 머뭇거리는 그가 보였다. 한국이라는 낯선 곳에서 외국인으로 살아가는 그에게는 계속해서 이런 일이 반복될 것이다.

한국인들은 될 수 있으면 외국인 옆자리에 앉으려고 하지 않는 것 같다. 나는 혼자 앉아 있는 외국인을 보면 일부러 그 옆으로 간다. 지난날의 내 모습이 투영되어서일까? 16살에 미국으로 이민을 간 나는 갑자기 그 사회에서 투명 인간이 되어 버렸다. 한국에서는 쾌활하고 리더십도 있었는데 하루아침에 외톨이가 되었다. 같은 반 친구들은 나에게 말을 걸지 않았고, 누구도 내 옆에 앉지 않았다. 나는 영어를 알아듣지 못해서 문화에 적응하지 못했고 종종 뒤처지고 낙오되었으며, 혼자 밥을 먹었다.

나그네에게는 길, 풍경, 음식, 언어, 사람들 등 모든 것이 낯설기만 하다. 그래서 외롭고 고달프다. 무엇을 하든지 힘이 더 들고 신경이 더 쓰인다. 주변의 시선을 감내해야 하고 자신의 존재를 증명해 내야 한다. 그래서 성경은 이방인과 나그네를 환대하라고 반복해서 강조한다. "너는 이방 나그네를 압제하지 말며 그들을 학대하지 말라 너희도 애굽 땅에서 나그네였음이라".

아담과 하와를 비롯한 성경의 많은 인물들이 나그네였다. 아브라함으로부터 시작되어 야곱과 요셉, 모세로 이어지는 이스라엘의 역사 또한 곧 나그네의 역사였다. 그리고 베드로는 초대 교회의 그리스도인들을 흩어진 나그네라고 부른다. 교회의 본질은 애초부터 나그네였다. 하지만 언제부터인지 그 모습을 상실하고 말았다. 역사가들은 그 뿌리를, 콘스탄티누스 1세가 기독교를 로마의 국교로 공인한 사건이라고 본다. 이때부터 교회가 변방에서 중심으로, 약함에서 강함으로, 핍박을 받는 존재에서 핍박을 하는 존재로 변해 갔다고 주장한다.

우리가 예배하고 따르는 예수는 "두세 사람이 내 이름으로 모인 곳에는 나도 그들 중에 있느니라"라고 말씀하셨다. 교회의 중심은 특정 장소가 아니라 예수 그리스도의 임재이다. 교회의 여정은 예수 그리스도로 시작해서 예수 그리스도로 끝난다. 우리가 정착하고 뿌리내릴 곳은 오직 예수 그리스도뿐이다. 나그네로서의 정체성을 상실한 교회는 서서히, 그리고 궁극적으로 생명력을 잃어버린다.

나처럼 낯선 곳에서 이민자로 새로운 삶을 시작한 외국인들에게는 공통점이 하나 있는데 성경을 나그네의 관점으로 읽는다는 것이다. 나는 성경이 나그네에 대해 말하는 책이라기보다는 나그네의 관점으로 읽어야 하는 책이라고 생각한다. 자기 집을 떠난 아브라함으로부터 시작해서 초대 교회의 흩어진 나그네들에 이르기까지 나그네의 정체성으로 살아가고 나그네로 예배하는 것, 그것이 바로 교회의 본질이 아닐까 생각한다.

우리가 예배하고 따르는 예수, 그분이야말로 하늘 영광을 떠나 이 땅 가운데 오셔서 자기를 비워 우리와 함께 거한 나그네이셨다. 그는 이민자로 이 땅에 오셨고 어려서는 난민이 되어 이집트로 피하실 수밖에 없었다. 그의 백성이 그를 배척했기에 그에게는 머리 둘 곳조차 없었다. 그는 나그네로서 나그네의 모범이 되는 삶을 사셨다.

우리 가족이 현재 거주하는 타운에는 전 세계에서 이주한 난민들과 외국인들이 모여 살고 있다. 통계에 의하면 2016년 미국에 재정착한 난민 중 40퍼센트가 미국에 들어

오기 전부터 그리스도인이었다고 한다. 이 난민들과 함께 예배할 때면 말로 표현하기 힘든 감격과 감동을 느낀다. 이 예배자들의 모든 여정 가운데 함께하신 하나님의 임재가 그들의 이야기와 노래에서 흘러나오기 때문이다.

나와 내가 속한 공동체가 2018년 미시건의 칼뱅 신학교에서 열린 '칼뱅 워십 심포지엄'(The Calvin Symposium on Worship)에 초청된 적이 있다. 우리는 '난민의 노래'라는 기획 예배를 인도했다. 각자의 여정을 나누고 자신들의 언어로 찬양을 불렀던 그 시간 동안 인도하는 이들이나 회중 모두에게 동일하게 큰 감동이 있었다. 다들 눈물을 흘렸고 긴 침묵이 이어졌다. 신기하게도, 나그네가 인도하는 그 예배를 통해 나그네로서의 정체성을 재발견했다고 고백하는 이들이 여러 명이었다.

그날 우리는 다 같이 "이민자의 신경"(The Immigrants' Creed)을 낭독하는 것으로 예배를 끝냈다.

이민자의 신경

나는 전능하사, 나그네 된 이들을 망명과 유랑의 삶에서 인도하신 하나님을 믿습니다.
나는 이집트로 잡혀간 요셉과 바벨론으로 끌려간 다니엘, 그리고 외국인과 이민자의 하나님을 믿습니다.

나는 실향민이 되신 갈릴리 사람 예수 그리스도를 믿습니다.
그는 태어나자마자 위험을 피해 그의 부모와 함께 자기 나라를 떠나셔야 했으며
자기 나라로 돌아와서는 외세의 종이었던 본디오 빌라도의 치하에서 고난을 받으셨습니다.
그는 핍박당하고, 맞고, 고문당하고, 불의하게 사형 선고를 받으셨습니다.
하지만 그는 죽은 자 가운데서 사흘 만에 부활하셨습니다. 경멸받다가 죽은 외국인으로서가 아닌, 우리에게 하나님 나라의 시민권을 제공하는 분으로 살아나신 것입니다.
나는 우리 안에 거하는 하나님 나라에서 영원한 이민자로 임재해 계신 성령을 믿습니다.
그가 모든 언어로 말하시며, 모든 나라에 사시며, 모든 인종을 하나로 묶을 것을 믿습니다.
나는 교회가 외국인과 모든 믿는 자들에게 안전한 집인 것을 믿습니다.
나는 우리가 하나님의 각 성도들이 가진 다양성을 모두 받아들일 때 우리 안에 성도의 교제가 시작됨을 믿습니다.
나는 하나님 앞에서 우리를 동등하게 만드는 용서를 믿으며, 우리의 깨어짐을 치유할 화해를 믿습니다.
나는 부활의 때에 하나님께서 우리를 독특하면서도 같은 모습으로 하나 되게 하실 것을 믿습니다.
나는 하나님이 영원히 통치하실 하나님 나라에서 그 누구도

외국인으로 살지 않고 모두 하나님 나라의 시민으로 살게 될 영원한 삶을 믿습니다. 아멘.[14]

---

14 미국 장로교(PCUSA) 교단 선교부의 호세 루이스 카살(José Luis Casal) 목사가 쓴 것으로, 그에게 한글 번역에 대한 허락을 받았음을 밝힌다. 이 신경은 *The Book of Common Worship*(Westminster John Know Press, 2018)에 실려 있다.

10 질문만 있고 답이 없을 때

> 여호와여 어느 때까지니이까 나를 영원히 잊으시나이까 주의 얼굴을 나에게서 어느 때까지 숨기시겠나이까 (시 13:1)

'괜찮아야 할 텐데.'

삼 일간 매일 두 차례씩 긴 집회를 인도해야 하는 사역을 앞두고 걱정이 앞선다. 한 달에 몇 번씩 예고 없이 찾아오는 만성 편두통으로 고생한 지 오래되었다. 집회 중에 편두통이 올까 봐 늘 조마조마하다. 만성 편두통을 앓는 이들은 말하지 않아도 그 고통을 서로 충분히 이해한다. 몇 시간 내내 지끈지끈한 두통과 근육통, 메스꺼움과 어지러움이 계속되면 그저 어둡고 조용한 공간에 가서 드러눕고 싶어진다.

대부분은 약을 먹으면 곧 괜찮아지지만 그렇지 않을 때

도 있다. 찬양을 인도하기 바로 전에 구토를 한 적도 있고, 강의를 하다가 머리가 아파서 집중하기 어려운 적도 있었다. 어떻게 견뎌 냈는지 설명할 수는 없지만 호되게 겪고 나면 그저 한동안은 그런 고통이 오지 않기만을 바랄 뿐이다.

사도 바울처럼 가시를 없애 달라고 간절히 기도하기도 했고 치료를 받아보기도 했지만 의사는 강도와 빈도를 줄일 수 있을 뿐 평생 온전히 낫기는 힘들다고 진단했다. 그런데 이 고통 못지않게 나를 힘들게 한 것은 바로 나의 약함을 인정하는 것이었다. 편두통은 겉으로 외상이 드러나지 않는 병이다. 그래서 내가 고통을 표현하지 않는 한 사람들은 내가 고통 중에 있는지 전혀 모른다. 사람들이 나를 약하게 보거나 지나치게 예민하다고 느낄까 봐 나는 많은 경우 고통을 참는다. 억지로 미소를 짓거나 아무렇지 않은 듯 일들을 진행한다.

학창 시절에 내가 불렀던 찬양 중에는 승리를 주제로 한 내용이 많았다. 전투적인 신앙을 노래하고, 할 수 있다는 자신감을 가지고, 주께서 모든 상황에서 나를 구해 주시리라는 강한 믿음으로 무장하라고 강권하는 승리주의의 찬양은 '약함'을 무기력한 것으로 여기게 했다. 직접적으로 그렇게 배웠다기보다는 당시의 분위기와 상황 속에서 약함에 대한 부정적인 이미지가 자연스럽게 내면화된 것이리라.

 민은 지 얼마 되지 않은 내가 경험한 예배 안에서는 '약함'도 '질문'도 허용되지 않았다. 질문과 약함은 종종 '믿음 없음'으로 간주되었기에 나는 점차 약함을 드러내지도, 질문을 하지도 않게 되었다.

애통함의 예배

 주말 저녁마다 공동체 예배를 준비하느라 집 안이 북적거린다. 우리는 서로의 얼굴을 보는 것만으로도 즐거워서 웃음소리가 끊이지 않는다. 빠른 템포의 노래들을 연달아 부르는 동안 우리는 이렇게 함께 예배드린다는 사실에 행복감을 느낀다. 예배가 한창 진행되고 있을 때 아브라함이 어두운 표정으로 문을 열고 들어왔다.

 "사랑하는 가족이 수단에서 방금 돌아가셨다고 해요."

 갑자기 물을 끼얹은 듯 분위기가 착 가라앉고 모두의 얼굴에 슬픔이 어렸다. 열 몇 명이 모인 자리라 슬픔에 가득 찬 한 형제의 상황을 모른 척하고, 이미 준비한 방식으로 예배를 계속 이어 간다는 것은 불가능했다. 한동안 침묵이 흘렀다. 무슨 말을 꺼내야 할까? 누구도 쉽게 입을 열지 못했다.

 정적을 깨고 흐느끼는 소리가 들린다. 아브라함이 울기

시작한 것이다. 남수단의 딩카족 출신인 그가 울다니….
용맹스럽고 세계에서 가장 키가 큰 딩카족은 울지 않는
부족으로 알려져 있다. 난민이 되어 여러 나라를 떠돌아
다니고, 신앙 때문에 매를 맞고도 울지 않았던 그가 다른
대륙에서 숨을 거둔 사랑하는 가족에게 당장 달려갈 수도
없고, 다시는 그 가족을 볼 수도 없기에 좌절감과 슬픔에
빠져 울고 있다.

이혼을 겪은 베다니가 아브라함에게 다가가 그의 어깨
에 손을 얹는다. 장애가 있는 어린 케니가 아브라함의 등
에 손을 얹는다. 어머니를 병으로 잃은 조쉬가 그의 팔에
손을 얹는다. 그렇게 한 명씩 한 명씩 아브라함 옆으로 가
서 그의 몸에 손을 대고 그를 위로한다.

인도자가 즉흥적으로 애가를 만들어 부른다. "왜,
왜. 나는 이해할 수 없어요. 얼마나 오래 이 아픔이 계속되
어야 하나요?"

노래를 들으며 다 같이 운다. 어떤 이는 소리 없이, 누군
가는 소리 내어 흐느낀다. 우리는 그렇게 서로 연결되어
함께 우는 것으로 예배의 시간을 평상시와는 전혀 다른
모습으로 채웠다. 준비한 빠른 노래들은 위로의 노래로,
준비한 성경 본문은 시편의 애가들로 대체되었다.

그 예배는 우리 공동체에게 큰 전환점이 되었다. 예배
공동체는 예배를 드리며 승리와 기쁨만 누리는 것이 아니

라 서로의 약함과 슬픔도 나누고 껴안을 수 있음을 깨닫게 해 주었다. 우리는 지금도 그 예배를 자주 기억하고 이야기한다. "즐거워하는 자들과 함께 즐거워하고 우는 자들과 함께 울라"(롬 12:15)라는 말씀의 진정한 의미와 힘을 공동체가 함께 경험하게 된 것이다.

이후로도 우리는 계속해서 질문과 애통함이 담긴 노래를 만들어 불렀다. 그것은 패배주의나 낙심에 사로잡혀 사는 것과는 다르다. 애통함은 깨어진 세상에서 우리가 실제로 경험하는 아픔을 그대로 인정하는 것이다. 애통함은 하나님의 능력을 부정하거나 그분의 통치를 의심하는 것이 아니다. 애통함은 하나님의 넓은 성품에 우리 자신을 있는 그대로 던지는 믿음의 행위이다.

하나님은 우리의 모든 질문보다 크신 분이다. 그분은 우리가 던지는 질문을 곤란해하거나 어려워서 쩔쩔매지 않으신다. 그래서 우리는 어떤 질문이라도 던질 수 있다. 하지만 하나님은 우리의 모든 질문에 일일이 즉각적으로 답하지는 않으신다. 그 대신 상황을 초월하는 그분의 임재를 우리에게 약속하셨다. 하나님의 임재는 많은 경우 공동체를 통해 경험할 수 있다. 내 주변에 실재하는 형제와 자매를 통해 하나님은 때로 자신의 존재를 드러내신다. 우는 자들과 함께 울 때 우리는 그곳에서 함께 울어 주시는 하나님의 위로를 경험할 수 있다.

내가 만든 찬양 중에 우울한 느낌의 곡이 있다. 아무리 생각해도 예배 때 부르기에는 적합하지 않은 곡 같지만, 잔뜩 기가 죽어 아무런 소망도 없이 예배의 자리로 나아갔던 때, 죽을힘을 다해 그 자리로 가는 것 외에는 아무것도 할 수 없었던 때에 불렀던 노래이다.

한때는 어찌 보면 패배주의를 연상시키는 노래를 만들어 부른다는 사실이 부끄러운 적도 있었지만 이제는 연약함과 애통함 역시 나와 내가 속한 예배 공동체의 한 부분으로 자연스럽게 받아들일 수 있게 되었다. 오늘도 두통과 고통, 슬픔과 애통함 속에서 그분 앞으로 나아간다.

나아가네 김재우 사/곡

지금도 나를 원하시나요
내가 주님께 필요 없어도
나의 존재가 의미 있나요
아무런 도움 되지 못해도

지금 나 드릴 것이라곤
깨지고 상한 마음
지금 나 나아갈 곳은
은혜의 보좌 앞

나아가네 나아가네 나아가네 주께로
나아가네 나아가네 나아가네 주께로

노래하네 노래하네 노래하네 그 은혜
노래하네 노래하네 노래하네 그 은혜

11 이사 오신 예수

> 말씀이 육신이 되어 우리 가운데 거하시매 우리가 그의 영광을 보니 아버지의 독생자의 영광이요 은혜와 진리가 충만하더라(요 1:14)

미국 남감리회 소속의 선교사 루비 켄드릭(Ruby Rachael Kendrick)¹⁵은 1907년 8월, 시애틀에서 배를 타고 한국으로 향한다. 20대 초반의 그녀는 개성 송도에서 남감리회 선교회가 운영 중인 학교 일을 도우면서 언어 공부에 집중했다. 주님과 교제하고, 언어와 찬양을 배우며, 노인들과 아이들을 돌보고, 집안일을 하는 것이 그녀의 일과였다. 루비는 한국인들에게 인기가 많았고, 그들은 그녀를 '예쁜

---

15 이 챕터의 내용은 아래의 자료를 참고하였다.
   https://www.smu.edu/Bridwell/Collections/SpecialCollectionsandArchives/~/media/Site/Bridwell/Archives/BA30356.pdf.

부인'이라고 불렀다.

 수년 전에 한국을 방문했을 때 양화진 선교사 묘역에 간 적이 있다. 초기 선교사들의 묘비에 새겨진 글귀를 읽으며 사랑의 본질에 대해 묵상했다. 전기나 기록으로 접했던 선교사들의 묘지를 지나니 다소 투박해 보이는 한 묘지가 나타났다. 큰 돌들을 쌓아 올린 듯한 묘비에는 '나에게 천 개의 생명이 있다면 한국을 위해 모두 바치겠다'는 글귀가 영어로 적혀 있었다. 루비 켄드릭. 이름을 들어 본 적은 있으나 그녀의 삶에 대해서는 전혀 아는 바가 없었다. 태어난 년도와 사망한 년도를 보니 불과 25세에 이 땅에서 숨을 거두었다.

 미국으로 돌아온 후 어느 날 문득 루비 켄드릭이라는 이름이 떠올랐다. 어떤 사람이었을지 궁금해서 검색을 해 보았다. 신기하게도, 당시 내가 살던 달라스의 한 대학교 도서관에 그녀에 대한 자료가 보관되어 있었다. 흥분된 마음으로 도서관을 찾아갔다. 사서가 나를 희귀 자료가 보관되어 있는 방으로 안내했다.

 나는 자료가 담긴 흰 종이 상자를 앞에 두고 잠시 머뭇거렸다. 잘 알려지지 않았던 한 선교사를 만난다는 기대감과 동시에 혹시라도 그 자료에 문화 우월주의나 한국을 비하하는 듯한 사상이 들어 있지는 않을까 하는 두려움이 일었다. 상자 안에는 루비의 인생 전체를 재구성할 수 있을 만큼이나 많은 양의 빛바랜 사진과 편지, 각종 자료가 담겨 있었다. 그녀의 친구들이 루비가 죽고 난 뒤, 1년 남짓한 한국에서의 삶을 다 기록해 두었다고 했다.

루비는 신앙심이 깊었고 선교에 대한 열정이 가득해서 한국으로 가서 복음을 전하기를 원했지만 나이가 어리다는 이유로 성경 학교의 교사로 섬기며 기다려야 했다. 마침내 1907년 5월에 선교회의 허락을 받았고, 8월에 한국을 향해 출발했다.

한국으로 오기 일주일 전 루비가 이렇게 말했다. "집을 떠나는 것은 어려운 일이지만 모든 것을 아시는 주님께서 내가 사랑하는 사람들을 지켜 주실 것입니다. 돌아올 집이 있고 돌아올 수 있다는 확신을 가지고 떠난다면 (내가 잃어야 할 것이나 치러야 할 대가로서의) 십자가는 없는 것이겠지요." 당시의 선교사들이 그러했듯이 그녀 역시 한국으로 떠나면 다시 고향으로 돌아오기 어렵다는 사실을 잘 알고 있었다.

떠나기 이틀 전 텍사스 맥키니의 한 감리 교회 모임에서 루비는 조용하고 온화한 목소리로 한국 선교에 대한 자신의 비전을 나누었다. 그 자리에 있던 대부분의 사람이 울었지만 그녀는 기쁨이 넘치는 미소로 그들을 대했다.

사랑은 다가가는 것이다. 사랑에는 자석처럼 상대를 끌어당기는 힘이 있다. 유진 피터슨Eugene H. Peterson은 "메시지 성경"에서 요한복음 1:14을 다음과 같이 번역한다.

> 그 말씀이 살과 피가 되어 우리가 사는 곳에 오셨다.
> 우리는 그 영광을 두 눈으로 보았다.
> 단 하나뿐인 그 영광은
> 아버지 같고, 아들 같아서
> 안팎으로 두루 충만하고
> 처음부터 끝까지 참된 영광이었다.

"우리가 사는 곳에 오셨다"를 영어로는 더 구체적으로 "moved into the neighborhood"라고 표현한다. "그 말씀이 살과 피가 되어 우리가 사는 동네로 이사 오셨다!" 얼마나 가슴 찡한 번역인가. 나는 이런 생각을 해 본다. 그리스도가 이 땅에 오지 않고는 우리를 사랑하실 수 없었을까? 전능하신 주님이 자신의 은혜와 영광을 멀리서 우리에게 나타내실 수는 없었을까? 그저 메시지를 던져 주실 수는 없었을까?

사랑이신 그분은 우리에게 가까이 오기로 결정하셨다. 우리가 사는 곳으로 이사 오는 것을 통해 우리를 사랑하심을 나타내셨다. 사람들은 눈앞에서 그리스도의 충만한 은혜와 진리, 영광을 보았다. 그러나 그리스도는 우리 곁으로 이사 오신 후, 자기를 비워 종의 형체를 가지셔야 했고(빌 2:7), 머리 둘 곳조차 없으셨으며(마 8:20), 자신의 백성에게조차 환대받지 못하셨다(요 1:11).

한국으로 온 루비 켄드릭은 어떻게 되었을까?

그녀는 학교에서 가장 어린 한국 고아 소녀를 맡았다. 소녀가 폐렴에 걸리자 루비는 헌신적으로 돌보았다. 소녀는 무사히 위기를 넘겼지만 루비는 너무 혼신의 힘을 다했던 것인지 육신이 급속도로 약해졌다. 충수염(맹장염)에 걸려 세브란스 병원에서 수술을 받았지만 상태는 호전되지 않았다. 그녀는 결국 1908년 6월 20일, 25세의 짧은 생을 마치고 주님 품으로 갔다.

죽기 전 대부분의 시간 동안 친구들과 지인들에게 편지를 썼는데, 주로 한국에 더 많은 일꾼을 보내 달라는 요청의 글이었다. 죽기 한 달 전에 텍사스의 청년 선교회에 보낸 편지를 보라.

> 선교사의 삶을 누리는 기쁨이 이렇게나 큰데 그것을 어떤 단어로 설명해야 할지 모르겠습니다. 주님께서 있으라고 한 곳에 있는 것과 비교할 만한 더 기쁜 삶은 없을 거예요. 누군가는 이렇게 말하지요. "치러야 할 희생은요?" 맞아요. 저도 그것에 대해 생각해 보았습니다. 우리가 주님을 따르면서 겪는 희생은 너무 많고 너무 크지요. 하지만 지금 그것은 어디에 있나요? 주님이 주시는 보상에 비하면 그것들은 너무나 작고 사

소하답니다. 제가 잠시라도 머뭇거린 것이 얼마나 창피한지요. 선교회 여러분. 만약 주님께서 당신을 추수의 현장으로 부르신다면 "내가 여기 있습니다. 나를 보내소서"라고 빨리, 기쁘게. 그리고 온 마음으로 응답하세요. 한국에는 추수할 것은 많고 일꾼들은 너무나 적습니다. 여러분이 열 명씩. 스무 명씩 이곳으로 와 주실 것을 부탁합니다. 나에게 천 개의 생명이 있다면 한국을 위해 모두 바칠 것입니다.

- 1908년 5월 11일 송도에서

흰 상자 안에 빽빽하게 담겨 있는 기록을 살펴보다 보니 몇 시간이 훌쩍 지나갔다. 마치 타임머신을 타고 100년 전 한국으로 돌아가 그녀를 만나고 온 것 같은 느낌이었다. 한 서류철 안에 흰 천과 '루비 켄드릭이 한국에서 입었던 수의 조각'이라고 적힌 용지가 들어 있다. 천을 만져 보니 비단인 듯 부드럽다. 누군가가 그녀가 입었던 수의를 잘라 미국으로 보낸 것을 친구들이 귀하게 보관해 온 것이다. 한국으로 이사 간 그녀는 고향으로 돌아오지 못했고 이렇게 옷 한 조각만 돌아왔다. 나는 눈물을 참을 수 없었다.

한국으로 떠나기 전 선교회에서 루비에게 5년간 거주할 짐을 챙기라고 하자 루비가 이렇게 말했다. "그곳에 가면 무슨 옷을 입을지, 어떤 머리 모양을 해야 할지 걱정할 필요가 없을 거예요. 한국 사람들은 500년 동안이나 같은 옷을 입고, 같은 머리 모양을 하고 있다고 들었거든요."
루비는 이런 한국을 무시하지 않았다. 그녀는 한국어에 능숙하지 못했지만 그녀와 가깝게 지냈던 한 노인이 이러한 말을 남겼다. "우리는 그녀에게서 사랑을 느낍니다. 사랑은 통역이 필요 없는 언어입니다."

사랑은 가까이 가는 것이다. 상대방 가까이로 이사 간 사랑은 알아들을 수 없고, 통역할 수 없어도 마음으로 전해지는 언어이다. 말씀이 육신이 되어 우리가 사는 곳으로 이사 오셨다. 사랑이 오셨다.

12 예배 공동체를 향하여

> 내가 들으니 보좌에서 큰 음성이 나서 이르되 보라 하나님의 장막이 사람들과 함께 있으매 하나님이 그들과 함께 계시리니 그들은 하나님의 백성이 되고 하나님은 친히 그들과 함께 계셔서 (계 21:3)

'경배와 찬양', 혹은 현대적 예배로 소개되는 예배 운동은 체험적 예배를 추구한다. "이스라엘의 찬송 중에 계시는 주여 주는 거룩하시니이다"(시 22:3). 이 구절은 회중 찬양을 격려하는 대표적인 구절이다. 현장에 모인 예배자들은 자신들이 찬양할 때 하나님의 임재와 능력, 치유가 나타나기를 기대한다.

나는 오랫동안 '어떻게 해야 감동적이고 은혜로운 예배를 회중이 체험하도록 할 수 있을까'를 고민해 왔다. 예배의 분위기에 맞게 정성을 기울여 찬양들을 선택했고, 이

곡이 끝나면 다음 곡으로 무엇을 불러야 좋을지 고심했다. 그리고 그 사이에 인도자로서 할 말을 미리 적어 두고 연습했다. 팀원들과 리허설을 할 때 호흡이 잘 맞고 순서가 자연스럽게 흘러가면 만족스러웠지만 그렇지 않을 때는 인도자인 나의 뜻을 헤아리지 못하는 팀원들이 답답해서 나무라기도 했다. 인도자는 성공적인 예배를 위해 명확한 지도를 가지고 팀원들을 잘 이끌어야 하고, 팀원들은 그 길을 인도자와 똑같은 보폭과 호흡으로 잘 맞추어 따라와야 한다는 것이 내 생각이었다.

설교 후 마지막 곡까지 부르고 나면, 오늘 예배를 성공적으로 인도했는지, 실수한 것은 없었는지 열심히 머릿속으로 예배 상황을 하나하나 복기해 보았다. 예배가 끝난 후 성도들이 찾아와서 "오늘 예배, 너무 좋았어요!"라며 내 손을 잡아 주면, 나는 겸손한 척하며 "하나님이 하셨습니다"라고 답했지만, 속으로는 '오늘 예배도 성공했군' 생각하며 안도의 한숨을 내쉬었다.

현대 예배는 체험과 그 체험을 하도록 이끄는 예배 인도자의 역량을 중요시한다. 그러므로 이 구조에서 인도자는 성도들이 기대하는 예배 체험을 만들어 내기 위해 힘을 쏟을 수밖에 없다. 카리스마가 있고 역량이 뛰어난 인도자는 기름 부으심이 있다고 평가받기도 한다. 어쩌면 예배 인도자는 온 힘을 다해 육체노동과 정신노동을 해야 하는 극한 직업일지도 모른다. 어떤 인도자들은 예배 후에 일시적으로 대인 기피증에 빠지거나 혼자 예능 프로그램을 보며 폭식할 때도 있다고 고백한다.

회중과 함께 뜨겁게 찬양하며, 하나님이 임하시고 일하시는 모습을 보고 싶은 인도자의 순수한 갈망은 대중 가수의 콘서트와 별 차이 없어 보이는 예배, 그리고 회중의 만족감에 성패가 달려 있는 듯한 소비자 중심의 예배 평가와 서로 얽혀 숙명적 긴장을 만들어 낸다. 예배 인도자 중심의 예배는 잘못된 것일까? 예배 인도자가 사라지면 온전한 예배를 드릴 수 있을까?

언젠가부터 나는 예배 인도자라는 역할을 감당하며 서서히 지쳐 갔다. 회중이 손을 들고 눈물을 흘리며 찬양하는 모습이 성공한 예배라고 여겼기에 나는 계속해서 회중이 더 강력한 감동과 은혜를 느끼도록, 더 강한 체험을 하도록 어떤 장치들을 개발하는 일에 힘썼다. 그러다 보니 이런 예배 체험이 내가 만들어 낸 것인지 아니면 하나님의 임재인지 헷갈리기도 했다.

변화가 필요했다. 해답을 찾지 못하면 앞으로 예배 인도를 계속하지 못할 것 같았다. 그렇게 고민하던 어느 날, 예배와 제자도가 엮어진 질문이 내 마음속에서부터 올라왔다. "감동적인 예배 체험이 쌓이다 보면 우리가 그리스도를 더욱 닮게 될까? 감동적인 노래를 계속 부르다 보면 우리가 더욱 거룩한 모습으로 변해 있을까? 지금 함께 예배하는 우리는 시간이 흐른 후에 하나님과 서로를 더 사랑하는 공동체가 되어 있을까?"

그동안 내 관심과 기대는 오직 무대 위에 있는 동안 회중이 감동적인 예배 체험을 하도록 도와야 한다는 것에만 집중되어 있었다. 나는 리더로서 가져야 할 비전과 목표는 그저 반복된 예배 체험이 아닌, 하나님을 진정으로 예배하는 공동체를 세워 가는 것임을 깨달았다. 그 후로는 노래 한 곡을 부르든지, 예배 전체를 인도하든지, 그 방향을 서로 사랑하는 예배 공동체가 되는 것에 맞추었다.

"나는 너희의 하나님이 되고 너희는 내 백성이 되리라"라는 약속은 성경에서 자주 되풀이된다. 하나님의 절절한 마음이 담긴 이 약속은 하나님과 개인의 언약이라기보다는 하나님과 공동체 사이의 언약이다. 성경 전체에서 우리는 이스라엘 백성으로부터 시작되어 열방으로 퍼져 나가는 예배 공동체를 하나님이 만들어 가시는 것을 볼 수 있다.

현대적 대중음악을 사용하는 '경배와 찬양' 운동은 집단에 묻혀 사라진 한 사람의 예배자를 부각시키는 데 일조했다. 이 운동은 '나'를 사랑하시는 하나님을 향해 '내'가 좋아하는 노래를 부를 수 있게 해 주었다. 이 운동에서 자주 부르는 곡들은, 서구의 개인주의가 반영된 '나' 중심의 가사들이라 개인과 하나님의 친밀한 교제라는 주제가 자주 등장했고, 이는 무리 안에서 사라져 버린 개인의 존재를 새롭게 발견하는 데 큰 도움과 유익이 되었다.

한편으로 현대 예배는 공동체성을 상실하기 쉬운 구조를 가지고 있다. 나는 현대적 예배를 드리는 미국의 여러 교회를 방문했다가, 예배 시간 동안 오직 예배 인도자와 설교자 두 사람만 만나고 온 듯한 느낌을 종종 받았다. 수천 명이 모여 예배드렸어도 끝나고 우르르 회중이 다 빠져나가면 군중 속의 고독과 쓸쓸함을 느꼈다. 마치 예배는 영화 같고 예배당은 극장과 같아서 많은 사람과 영화의 같은 장면을 보고 울고 웃고 감동받지만 서로 연결되는 경험은 전혀 없이 영화가 끝나면 극장 밖으로 나오는 것과 같았다.

예배는 하나님과 개인의 만남이자 동시에 하나님과 그의 백성과의 만남이다. 그의 백성은 그리스도의 피로 연결된 가족이다. 영어 성경에 'You'가 나올 때 영어권의 사람들은 개인에게 말하는 것으로 읽는 경향이 있다. 하지만 많은 경우 이 단어는 복수형으로 사용된 것이다. 한글 성경은 'You'를 대부분 '너희'로 번역했다. 하나님께서 지도자를 세우시는 이유는 공동체 전체를 위함이며, 하나님께서 한 사람의 참된 예배자를 찾으시는 이유 또한 모든 민족과 방언으로 구성된 예배 공동체를 만들기 위해서

이다.

신학자 로버트 웨버Robert E. Webber는 이렇게 말한다. "예배는 하나님의 이야기를 실행한다."[16]

예배가 담아내는 하나님의 이야기는 무엇일까? 그것은 그분과 그분의 백성 간의 사랑 이야기이다. 예배는 하나님이 행하시는 구원의 거대 서사와 하나님이 각 공동체 안에서 지금 이루고 계신 일을 담아 낼 수 있어야 한다.

공동체 중심의 예배에서는 잘 알려진 노래보다는 지금 공동체에 필요한 내용을 담은 찬양을 선택해야 한다. 이 예배를 기획할 때는 인터넷을 검색하는 일을 처음으로 할 것이 아니라 이 공동체를 위하여 기도하는 일을 가장 우선시해야 한다. 그리고 화면에 담을 내용을 구상하기에 앞서 각 지체의 얼굴에 담긴 하나님의 형상을 먼저 떠올려야 한다. 공동체 중심의 예배는 개인이 화면만 바라보는 것이 아니라 서로의 얼굴을 바라보도록 돕는다. 개인의 예배 체험은 물론 성도 서로 간의 연결도 중요시하는 것이다.

무리로 (또는 집단으로) 모인 예배 공동체에서 각 개인의 독특함은 사라지지 않는다. 하지만 예배 공동체는 분리된 개인이 각자 하나님께 연결되어 모인 집단이 아니다. 한마

---

16 로버트 웨버, 『예배학』, 이승진 역(CLC, 2011), 29.

음과 한 몸으로 연결된 생명체이다. 이제는 개인의 예배 체험을 만들어 내는 것을 넘어 예배 공동체를 세워 가는 것으로 비전을 넓혀야 할 때이다. 그것은 내 힘으로 만들어 내는 예배의 무거운 책임에서 벗어나, 지금도 자기 백성을 사랑하시며 그 안에서 선한 일을 행하고 계신 하나님의 이야기를 발견하는 것에서부터 시작된다.

우리가 지금처럼 예배하면 주님을 더 닮아 가게 될까? 함께 예배할수록 서로를 더 사랑하게 될까? 주님을 찬양하는 노래를 계속 부르면 주님을 더 닮아 가게 될까? 이 질문에 머뭇거리며 답할 수 없을 때 우리는 서로 분리된 채 오직 각자의 내부 자원에 의지하여 예배하려 애쓰다가 결국에는 힘이 다해 탈진하는 패턴을 반복하게 될 것이다.

찬송가 "예수를 나의 구주 삼고"에 이런 가사가 있다. "세상과 나는 간 곳 없고 구속한 주만 보이도다." 공동체가 이 찬송가를 함께 부를 때면 나는 그 자리에 모인 지체들을 바라보며 주님을 찬양한다. 구속한 주와 내 옆의 지체들이 함께 보인다. 한 명 한 명, 측량할 수 없이 긴 시간을 함께 보낼 가족들이다. 우리는 '가족처럼'이 아니라 '가족'으로 함께 예배하는 것을 배워 가야 한다.

2장

누구와 예배할 것인가?

13 싸우보나. 나는 너를 보고 있어!

나다나엘이 이르되 어떻게 나를 아시나이까 예수께서 대답하여 이르시되
빌립이 너를 부르기 전에 네가 무화과나무 아래에 있을 때에 보았노라
(요 1:48)

"싸우보나!"

수년 전 남아프리카 공화국의 케이프타운을 방문했을 때 현지인에게 배운 줄루어 인사말이다. 줄루족의 인사말인 '싸우보나'는 직역하면 '나는 당신을 봅니다'라는 뜻이다. 길에서 누구를 만났을 때, 누가 내 집으로 들어왔을 때, 그리고 약속 장소에 누가 도착했을 때 이렇게 말하는 것이다. "나는 너를 보고 있어!" 그러면 상대는 이렇게 답한다. "내가 여기 있어요." 매우 단순하지만 강력한 인사말이다.

"나는 너를 보고 있어."

"내가 여기 있어."

이 인사말이 계속 귓가에 맴돌았다. 누군가를 스쳐 지나갈 때 그냥 흘깃 보는 것이 아니라 그의 영혼까지도 꿰뚫듯 바라볼 수 있다면, 아주 잠시라도 누군가를 진정으로 바라볼 수 있다면, 그리고 나를 바라본 타인을 향해 "내가 여기 있다"라고 내 존재를 온전히 인정하는 인사말로 응답할 수 있다면…. 꼬리에 꼬리를 물고 여러 생각이 들었고, 그 인사말에 대한 여운이 깊게 남은 채로 나는 남아공을 떠나왔다.

미국에 돌아와 우리 공동체에 이 인사말을 소개하고 서로 그렇게 인사하는 연습도 했다. 거기에 덧붙여 상대의 얼굴을 바라보고 나서 떠오르는 감정과 직관을 서로 말하도록 했다. 이를테면, "싸우보나"라고 인사한 후 잠시 상대의 얼굴을 잠잠히 바라본다. 그리고 "당신을 볼 때 나는 (   )을 느낍니다"라고 말한다. 어떤 사람들은 누군가가 자신을 처음 진정으로 바라보아 주었다는 사실에 눈물을 흘리기도 했다.

누군가를 잠잠히 바라본다는 것, 그리고 누군가에게 나를 보여 주는 것에는 엄청난 치유의 힘이 있었다. 그리고 이는 우리 공동체의 결속력을 단단하게 해 주었다. 안타깝게도, 우리는 평상시에는 서로를 주의 깊게 바라보는 것을 어색해한다.

"예수께서 보시고…."

성경은 많은 곳에서 예수의 '싸우보나'를 기록하고 있다. 예수께서는 대충 보시거나 보고도 그냥 지나치시는 법이 없었다. 무리를 보시고 불쌍히 여기셨고, 부자 청년을 보시고 사랑하셨으며, 장애인, 병자, 귀신 들린 사람을 보시고 불쌍히 여기셨다.

누군가 나를 하나님의 형상으로 바라보아 준다면 그 시선을 오래 받을수록 나는 더 평온해지고 따뜻한 마음을 갖게 된다. 무관심과 적대, 환멸의 시선에 익숙한 우리는 진정한 환대의 시선이 처음에는 낯설 수밖에 없다. 예수의 사역은 주로 누군가를 바라보는 것에서 시작되었다. 예수의 시선은 다른 이들이 서둘러 눈길을 거두려는 그들에게 머무르셨다. 그리고 강한 연민과 공감의 감정을 수반한 그 바라봄은 그들을 고치고 변화시키시는 사역으로 이어졌다.

누군가를 바라보려면 멈추어야 한다. 하던 일을 중단해야 하고, 다른 곳을 향해 있던 시선의 방향을 바꾸어야 한다. 시간이 정지되고 우선순위가 바뀌는 그 순간 내 앞에 있는 상대보다 나에게 더 중요한 존재는 없다. 한글로 얼굴은 얼의 꼴, 즉 영혼을 담는 그릇이라는 뜻이다. 상대의 영혼이 느껴질 때까지 그의 얼굴을 바라보는 것, 그것이 바로 예수의 바라봄이었다.

나와 우리 공동체는 삶 속에서 싸우보나를 실천하는 중이다. 가족과 친구가 아닌 이상 일상에서 만나는 이들은 대부분 단순한 목적으로 만나거나 그저 스쳐 지나가는 이들이지만 그들 역시 하나님의 형상으로 지어졌음을 인지하고 인격적으로 대하고자 노력 중이다.

예를 들어, 여행을 하다 보면 공항이나 호텔처럼 이동과 숙박을 위한 여정에서 여러 사람을 만난다. 대부분의 여행자들은 신속한 이동과 편의를 도와주는 이들에게 그리 인격적으로 대하는 것 같지 않다. 돈을 받고 서비스를 제공하는 거래를 위해 그 공간에 존재하는 사람이라고 여길 뿐이다. 하지만 나는 그들을 주의 깊게 본다. "싸우보나"라고 인사하지는 않지만 그들을 쳐다보며 짧게라도 인사말을 건넨다.

"오늘 하루 어땠나요?" 이러한 인사말로 대화를 시작하면 컴퓨터를 보고 있던 그들의 시선이 나에게로 향한다. 그런 질문을 처음 듣는다는 듯이 의아해하며 나를 본다. '왜 나에게 관심을 갖는 거지?'라는 독백이 들려오는 것 같다. "뭐 생각보다 나쁘지 않아요." 이렇게 대답하거나, "빨리 일을 마치고 집에 가고 싶을 뿐이죠"라고 대답하기도 한다. 그럼 나는 "몇 시간 뒤면 집에 갈 수 있죠? 온종일 손님들을 상대하다 보면 정말 힘들겠어요." 이렇게 대화를 이어 간다. 그들은 기계가 아닌 한 인격으로 자신들을 대해 주었다는 사실에 감사하다는 듯, 대화가 끝날 때면 대부분 미소를 띠고 고맙다고 인사를 한다. 드문 경우이기는 하지만, 늦은 밤 식당에서 서빙을 하는 이와 대화를 주고받다가 함께 기도를 한 적도 있었다.

대화를 나눌 수 없는 상황의 만남도 있다. 차를 타고 가다가 길에 앉아 있는 노숙자를 본다든지, 공공시설에서 화장실 청소를 하는 이들을 만났을 때처럼 대화를 하는 것 자체가 불가능한 경우에는 그들의 눈을 쳐다보며 내 마음을 전달한다. '당신이 타인에게 존경과 주목을 받지 못할 상황이 생기더라도 그것이 하나님의 형상으로 지음 받은 당신의 존귀함을 없애지는 못한답니다.'

나는 한국에서 고등학교 1학년을 마치고 미국으로 이민을 왔다. 영어를 알아듣지도 못하고 말도 하지 못해서 마치 투명 인간처럼, 학교에 가서도 존재하지만 존재하지 않는 듯 온종일 조용히 앉아만 있었다. 아무도 말을 걸지 않았고 시선을 주지 않았다. 온 세상이 나를 무시하는 것 같았다. 나는 수치스러웠고 우울했다. 급속도로 자신감을 잃었고, 대인 기피증이 생겼다.

"나는 라이언이야."

어느 날, 백인 아이가 나에게 말을 걸어 왔다. 나는 더듬거리며 그와 대화를 나누었다. 그는 "네가 성경책을 갖고 다니는 걸 봤어. 너 그리스도인이니? 화요일 아침에 운동장에서 기도하는 모임이 있는데 네가 관심이 있을까 해서" 하면서 나를 그 모임에 초대해 주었다. 그렇게 그 친구를 따라 그곳에 갔다. 화요일마다 아침 일찍 라이언이 우리 집으로 와서 나를 자기 차에 태워 주었다.

그리고 내가 영어는 잘 못하지만 영어 찬양은 곧잘 부른다는 것을 알고서는 나에게 찬양 인도를 맡겼다. 나는 그 뒤로 자주 그 친구네 집에 가서 함께 시간을 보냈고, 같이 찬양도 불렀다. 라이언을 통해 신실한 그리스도인 친구들도 많이 만났다. 그리고 이런 제안도 받았다. "매년 한 번씩 우리 학교 그리스도인들이 다 모여서 기도하는 큰 행사가 있는데 네가 찬양을 인도해 주지 않을래?"

나는 지금도 그 순간을 잊지 못한다. 학교 내 그리스도인 학생들이 모두 기도하러 모인 그날, 큰 원 모양으로 둘러싼 친구들 가운데에서 기타를 메고 어눌하게 말하며 찬양을 인도하던 그때를. 투명 인간처럼 앉아 있던 나를 한 친구가 바라보아 준 후 다른 학우들도 나를 바라보아 주었다. 과거에 나를 지나치지 않고 바라보아 준 그들로 인해 지금의 내가 존재하게 되었다.

진정한 환대는 상대를 있는 그대로 바라보는 것에서부터 시작된다. 빌립이 나다나엘에게 예수를 소개했을 때 나다나엘은 나사렛 출신인 예수가 보잘것없는 존재일 것이라고 단정했다. 예수를 한 번도 본 적이 없었지만 그의 출신 배경과 신분만을 보고 메시아로서의 가능성이 없다고 판단해 버렸던 것이다. 그런데 빌립의 손에 이끌려 반신반의하며 예수를 만났을 때 그가 무시했던 예수가 이렇게 말씀하신다. "전에 네가 무화과나무 아래에 있을 때에 보았노라".

"싸우보나."

"전부터 나는 너를 보고 있었어."

예수의 말에 나다나엘은 예배로 반응한다. "랍비여 당신은 하나님의 아들이시요 당신은 이스라엘의 임금이로소이다".

예수께서는 우리의 가장 추하고 악한 부분만 눈여겨보시지는 않는다. 우리 인생의 가장 수치스러운 순간만 기억하시지는 않는다. 우리 안에서 하나님의 형상을 보신다. 깨어졌지만 여전히 존재하는 아름다움과 가능성을 보신다. 우리의 변화될 모습을 보신다.

그리고 매일 우리에게 이렇게 진정한 환대의 인사를 나누신다.

"싸우보나. 나는 너를 보고 있어!"

14   난민이 왜 잘살죠?

> 너희가 너희의 땅에서 곡식을 거둘 때에 너는 밭 모퉁이까지 다 거두지 말고 네 떨어진 이삭도 줍지 말며 네 포도원의 열매를 다 따지 말며 네 포도원에 떨어진 열매도 줍지 말고 가난한 사람과 거류민을 위하여 버려두라 나는 너희의 하나님 여호와이니라 (레 19:9-10)

우리 가족이 살고 있는 곳은 미국에서도 아주 독특한 도시로 알려져 있다. 지난 20여 년 동안 매년 수백 명의 난민이 전 세계에서 이 작은 타운으로 이주해 왔기 때문이다. 어느 곳에서 분쟁이 일어났다는 뉴스를 접한 뒤 몇 년이 지나면 그 분쟁 지역의 난민들이 우리 타운으로 와 있기도 했다. 그렇게 아시아, 아프리카, 중동 지역 사람들이 모였다. 우리 타운을 사람들은 "미국에서 가장 다양한 인종이 모여 사는 5제곱킬로미터"라고 부른다.

이곳에서 우리 가족은 음악과 미술, 춤을 가르치는 예술 학교를 공동체와 함께 운영하고 있다. 그리고 여름마다 봉사자들과 예술 캠프도 개최한다. 우리 공동체가 이 타운에 자리 잡았을 때 지역 주민들은 자기 자녀들에게 음악과 미술을 가르쳐 줄 수 있느냐고 문의해 왔다.

사람이 살아가려면 먹고 마시는 것은 물론이고 예술 활동도 필요하다. 성경에 기록된 하나님의 최초의 행위는 무에서 유를 창조하는 것이었다. 성경에서 우리는 구원자보다는 창조주로서의 하나님을 먼저 만난다. 하나님의 형상대로 지어진 인간에게는 아름다운 것을 보면 감탄하고, 또 아름다운 것을 창작하고픈 창의성이 내재되어 있다.

예술 교육을 자녀에게 제공하기 위해서는 부모의 경제 능력이 뒷받침되어야 한다. 하지만 이제 막 낯선 나라에 와서 정착해 가는 난민들에게는 그러한 상황이 허락되지 않는 경우가 대부분이다. 그래서 우리 공동체는 타운 안에 작은 예술 학교를 세워서, 영어를 잘하지 못해도, 레슨비를 제대로 낼 수 없어도, 누구나 양질의 예술 교육을 받고 자신을 창의적으로 표현할 수 있는 공간을 만들었다.

분쟁 지역에서 겪은 트라우마로 인해 작은 폭죽 소리에도 책상 밑으로 숨는 아이가 우리 공간에서만큼은 안전함을 느낄 수 있도록 큰 소음이 나지 않도록 배려해 주었고, 서로 언어가 통하지 않아도 음악과 미술, 춤으로 자신을 표현할 수 있도록 교육했다. 지나고 보니 그동안 그곳에서 우리가 가르친 것보다 배운 것이, 베푼 것보다 받은 것이 더 많았다고 고백할 수 있다.

미얀마와 태국의 국경 지역에 위치한 난민 캠프에서 살다가 미국으로 이주해 재정착한 카렌족 청년 보쉬는 그림을 정말 잘 그려서 우리 모두를 놀라게 했다. 그가 영어를 하면 알아듣기 위해 상당히 애를 써야 했으나 그가 그린 그림을 보면 무슨 이야기를 전달하려고 하는지 쉽게 이해가 되었다. 그는 그림을 통해 자신의 정체성과 지나온 길, 자신이 보아 온 아름다운 것들과 앞으로 보고 싶은 것들을 우리에게 나누었다. 난민 재정착을 돕는 한 단체에서 난민의 이야기를 담은 책을 출간하려고 하는데 일러스트 작가를 소개해 달라고 요청해 왔다. 우리는 주저 없이 보쉬를 추천했다. 그 책을 들고 웃고 있는 보쉬의 사진을 볼 때마다 마음이 뭉클해진다.

우리 타운은 우리 사역을 도와주려고 방문하는 봉사자들로 늘 북적거린다. 특히 여름 예술 캠프 기간에는 수십 명에서 많게는 백여 명의 봉사자들이 가르치거나 섬기기 위해 이곳으로 온다. 이들에게 내가 강조하는 내용이 있다. "저희 타운에 이주한 사람들은 난민의 신분으로 이곳까지 오게 되었지만 합법적으로 이주한 여느 이민자와 다를 바가 없습니다. 그러니 가급적이면 난민이라는 단어를 쓰지 마시고, 그들을 그냥 이웃으로 대해 주면 좋겠습니다."

여름 캠프는 빡빡한 일정으로 일주일간 정신없이 돌아간다. 많은 인원이 후덥지근한 작은 공간에 모여 하루를 보낸다. 캠프에 참가하는 아이들 중에는 거칠고 반항적인 행동을 하는 아이들도 있다. 아이들이 다 말을 잘 듣고 자기들의 섬김을 고마워할 것이라고 생각했던 봉사자들은 점점 인내심을 잃기 마련이다.

자신의 기대와 현장에서 마주하는 이들의 상황이 다를 때 혼란을 느끼며 질문해 오는 봉사자도 있다. "근데 왜 난민이 잘살죠? 차도 있고, 아이들은 좋은 시계를 차고 있고, 평범한 아파트에 살고 있네요."

아주 정직한 질문이며 동시에 많은 선입견과 왠지 모를 불편함을 담고 있는 질문이기도 하다. 우리 안에 새겨진 난민에 대한 이미지는 어떠한가? 우리가 익히 알고 있는 난민은 온 가족이 검은색 고무보트에 몸을 맡긴 채 칠흑 같은 지중해를 바들바들 떨며 건넌 후 낯선 땅에 도착해서 UN 마크가 새겨진 텐트 안에 여러 명이 살면서 오직 구호물품에 의지해서 하루하루를 연명하는 이들이 아닌가?

이들은 불쌍하기 때문에 실제로도 불쌍하게 보여야 하는 이들이 아닌가? 필요한 것이 많기에 도움을 받으면 고

마음을 표현해야 하고, 타인의 봉사와 섬김에 감격해야 마땅하지 않은가?

이렇게 대놓고 말하지는 않을지라도 이와 비슷한 선입견을 지닌 채로 봉사하러 오는 이들이 많다. 나는 때로, 하나님께서 이 선입견을 없애 주시려고 이들로 하여금 우리 타운에서 난민을 만나게 하시는 것이 아닐까 하는 생각이 든다. 우리가 난민들을 돕는다고 생각하지만 실상은 그들이 우리에게 참되게 돕는 것이 무엇인지를 가르쳐 주고 있는 것은 아닐까?

전 세계 어린아이들을 후원하는 단체에서 자원 봉사를 하면서 한 가지 깨달은 점이 있다. 그 단체에서는 후원자를 모집하려고 아이들의 사진을 찍을 때 절대로 아이들이 불쌍해 보이도록 의도하지 않았다. 동정을 유발하는 이미지로 후원을 얻지 않겠다는 결연한 의지가 엿보였다. 이는 우리가 얼마나 쉽게 상대를 우리보다 못한 존재로 설정함으로써 우리의 의를 드러내고 있는지, 또한 후원을 얻기 위해 얼마나 쉽게 상대의 존귀함을 깎아내리고 있는지를 알게 해 주었다.

난민은 사람의 존재에 대한 평가 기준이 아니라 그가 현재 처한 상황일 뿐이다. 전쟁, 자연재해, 정치적·종교적 박해로 누구나 한순간에 난민이 될 수 있다. 난민은 그가 처한 상황으로부터 보호받아야 한다. 나 역시 그런 상황에 놓인다면 일정 시간 동안 누군가의 도움이 간절히 필요할 것이다.

난민으로 미국에 재정착한 이들 가운데는 고된 노동일을 처음으로 해 보는 이들도 있고, 식료품을 지원받아야 하는 이들 가운데는 자국에서 큰 기업을 운영하며 많은 사람을 돌보던 이들도 있다.

베푸는 편에서 생색을 내지 말아야 하는 이유는 결국 그 어느 것도 자신의 것이 아니기 때문이다. 우리는 어떻게 하면 받는 자가 수치를 느끼지 않을지 고민해야 한다. 상대를 도울 때는 그들이 계속해서 우리에게 의존적인 존재로 남지 않고 어느 순간 우리의 친구이자 이웃이 되기를 바라는 마음을 품어야 상대를 인격적으로 대할 수 있다.

진정한 우정은 한 방향으로 흐르지 않는다. 그렇기에 친구와 이웃이 되면 나도 그들에게 베풀지만 그들도 나에게 베푸는 관계가 된다. 그들이 지금은 우리에게 배우고 있지만 우리도 그들에게 배우게 된다. 우리가 배울 것이 없고 우리에게 베풀 것이 없는 대상으로 상대를 설정하는 것만큼 타인에게 모욕적인 대우는 없을 것이다.

왜 우리는 섬김의 대상이 우리보다 열등해야 한다고 여길까? 왜 물건이나 식사를 나누어 줄 때 누구나 볼 수 있는 장소에다 줄을 서게 할까? 왜 그들을 항상 우리의 도움이 필요한 존재로 설정해 놓을까? 왜 그들이 베푸는 모습보다 우리가 베푸는 모습만을 보이고 싶어 할까?

구약 성경에서는 가난한 자와 외국인을 위해 곡물과 열매, 그리고 이삭을 줍지 말고 남겨 두라고 기록한다(레 19:9-10). 이는 정부의 복지 정책과 같은 사회적 안전망이 잘 갖추어지지 않았던 그 시대에 궁핍하여 살아갈 방법이 없는 자들을 돌보며 동시에 그들의 존엄성을 지켜 줄 수 있는 지혜로운 장치였다.

도움이 필요한 상황에 처한 이들을 향한 선입견을 버려야 그들과 진정으로 친구와 이웃이 될 수 있다. 난민이기에 받는 관심과 동정, 특권이 좋아서 계속 난민으로 남고 싶어 하는 이를 나는 아직까지 만난 적이 없다. 그들은 난민이라는 딱지를 떼고 우리와 평범한 이웃으로 지내게 될 날을 기대한다. 친구가 되어 서로 베풀고 서로 배우게 되기를 기대한다.

어떤 이가 자신을 항상 "얘는 내 난민 친구야"라고 소개하던 친구를 향해 발끈해서 이렇게 물었다고 한다. "도대체 언제라야 너는 나를 남들에게 '난민 친구'가 아닌 그냥 '친구'라고 소개할 거니?" 동정과 구제의 대상으로 계속 남아 있고 싶은 사람은 없을 것이다. 누구에게나 찾아올 수 있는 위험과 위기는 때로 다른 이의 도움을 받아야 하는 상황에 놓이게 하지만 그것이 그 사람의 존재 가치나 삶 전체를 가늠하고 평가하는 기준이 될 수는 없다.

'난민 친구'라는 말에는 '내가 너랑 친구로 지내 온 이유는 네가 난민이었기 때문이야'라는 의미가 들어 있을지도 모른다. 그 친구가 진정으로 원하는 것은 앞의 단어를 떼어 버리고 그냥 친구가 되는 것이 아닐까?

15   지극히 작은 자 하나를 위한 예배

> 임금이 대답하여 이르시되 내가 진실로 너희에게 이르노니 너희가 여기 내 형제 중에 지극히 작은 자 하나에게 한 것이 곧 내게 한 것이니라 하시고
> (마 25:40)

부슬비가 내리는, 침대 밖으로 나가고 싶지 않은 을씨년스러운 어느 겨울날, 나는 이불을 박차고 나와 차를 몰고 약속 장소로 향했다. 그곳은 내가 한 번도 가 보지 않은 곳이었다. 그곳에서 예배하게 될 것이라고 상상조차 해 본 적이 없는 곳이었다. 거기에는 친구의 소개로 알게 된 대니라는 젊은이의 아버지가 계셨다. 대니는 아버지를 위해 예배할 사람들이 급하게 필요한 상황이라 나는 친구의 부탁으로 이 예배에 동참하게 되었다.

GPS의 안내로 겨우 그 장소를 찾아갔는데 이번에는 차

세울 곳이 마땅하지 않아서 헤매다가 간신히 시간에 맞추어 도착했다. 그곳은 미국 이민국 산하 기관 건물로 곧 미국 밖으로 추방될, 서류 미비 이민자들(undocumented immigrants)이 갇혀 있는 곳이었다. 건물 밖에서 몇 명이 원 모양으로 모여 예배를 시작할 준비를 하고 있었다. 나는 아무 말 없이 원 속으로 들어가 그들이 나누어 주는 예배 순서지를 받았다. 그러다 대니와 눈이 마주쳤다. 슬픔 가득한 그의 눈은 와 주어서 고맙다는 인사를 보내오는 듯했다.

대니의 부모님은 오래전 멕시코에서 미국으로 이주했다. 그들은 사람들이 불법 이민자라고 부르는 서류 미비자들이었다. 미국 안에는 수백만 명에 달하는 서류 미비자들이 살고 있다. 미국이 건국되었을 당시에는 이주자들의 노동력이 필요했기에 모든 이민자가 자유롭게 미국으로 들어올 수 있었고 그들을 불법으로 규정하는 법도 없었다. 그러나 해가 갈수록 이미 정착한 주류의 백인들로부터 유색 인종 이민자들은 경계와 모함, 그리고 직업을 빼앗아 가는 원망의 대상이 되었다.

한 예로, 1870년 캘리포니아에는 63,000명 정도의 중국인이 정착해 살고 있었고 이들은 미국의 다리와 철로 건설에 대거 투입되었다. 하지만 이 사업이 어느 정도 마무리되어 갈 무렵 중국인들의 수가 많이 늘어나자 미국은 1882년 중국인 배척법(Chinese exclusion act)을 통과시켜서 더 이상 중국인이 미국에 들어오지 못하도록 규제하였다.[17] 특히 경기가 어려워질 때면 이민자들은 자국인의 일자리를 빼앗는 미움의 대상으로 전락하기 일쑤였다.

성경에는 이민자들의 이야기가 많이 나온다. 대표적으로, 형제들에 의해 이집트로 팔려 간 요셉은 바로의 호의 덕분에 가족들을 이집트로 초대할 수 있었고 그 가족들은 집단으로 이민을 와서 그곳에 정착해서 살았다. 시간이 흘러 요셉을 알지 못하는 새 왕이 다스리게 되었고 그 왕은 이스라엘 자손이 온 땅에 가득한 것을 보고는 언젠가는 자신들을 대적할 것이라고 여겨서 그들을 노예로 삼고 학대하였다(출 1:8-14).

타인에 대한 잠재적 두려움은 타인을 향한 불신으로 이어지고 더 나아가서 압제와 폭력을 정당화하게 된다. 이것은 인류 역사에서 끊임없이 되풀이되어 왔고 지금도 그러하다. 흥미로운 점은, 일부 그리스도인들 역시 낯선 타인들이 멀리 있을 때는 그들을 선교와 사랑을 베풀 대상으로 여기지만, 그들이 가까이 다가오면 두려움과 경계의 대상으로 삼는다는 사실이다.

미국과 국경이 닿아 있는 멕시코는 미국 문화에 많은 영향을 끼쳐 왔다. 많은 미국인이 멕시코 음식을 좋아하

---

17 Erika Lee, *The Making of Asian America: A History*(Simon & Schuster, 2015), 60.

고, 멕시코의 음악과 예술을 깊게 받아들였으며, 미국의 많은 길 이름이 멕시코에서 사용하는 스페인어로 되어 있다.

나는 청소년기에 미국에서 그리스도인이 된 후 매년 멕시코로 단기 선교를 갔었다. 선교팀은 수개월 전부터 매주 모여 스페인어로 복음을 전할 수 있을 정도로 언어를 배우고, 찬양을 외우고, 많은 시간을 기도하며 선교를 준비했다. 멕시코에 가서는 길거리에서 누구에게나 살갑게 대하며 복음을 전했고, 현지 교회에 물품을 지원하고 여름 성경 학교를 인도했으며 밤마다 부흥회도 열었다. 선교 마지막 날에는 현지 교인들의 발을 닦아 주는 세족식도 했다. 타인을 향한 우리의 헌신적인 사랑은 이렇게 매년 계속되었다. 한 주 동안의 단기 선교 때처럼 타인들을 사랑하고 섬긴다면 곧 많은 이들이 그리스도의 사랑을 알게 되리라.

하지만 선교가 끝나고 미국으로 돌아오면 우리는 선교지에서 멕시코 사람들에게 했던 것처럼 복음을 전하거나 친절하게 대하지 않았다. 한인 마트나 식당에 가면 그곳에서 일하는 멕시코 노동자들을 만날 수 있었다. 우리는 그들에게 다가가지 않았고 특별히 관심을 쏟지도 않았다. 같이 선교를 다녀왔던 가게 주인들이 멕시코 노동자들에게 한국어로 소리 지르고 함부로 대하는 모습을 볼 때면 멕시코에서 세족식을 정성껏 행하던 그들의 모습이 오버랩되었다.

대니의 아버지는 서류 미비자인 이민자였지만 성실한 가장이자 교회에서 열심히 봉사하는 신실한 그리스도인이었다. 법을 어기고 이민 온 것을 제외하고는 평상시에는 남에게 해를 끼치거나 범죄 행위를 한 적이 한 번도 없었다. 수백만 명의 불법 이민자가 존재하는 미국은 정부의 방침에 따라 때로 이들에게 관대하기도 하고, 때로 소탕 작전을 벌이는 등 엄격한 잣대를 들이대기도 한다. 대니의 아버지는 반이민 정서가 심해진 시기에 잡혀서 감금되었다. 그가 다니던 교회의 성도들이 탄원도 하고 항변도 했지만 다 소용없었고 어느새 그가 멕시코로 추방될 날짜가 다가왔다.

그래서 대니와 친구들, 성직자들이 대니의 아버지가 감금되어 있는 이민국 시설 앞에서 그를 위해 마지막 예배를 드리기로 한 것이다. 대니의 아버지는 우리를 볼 수도, 우리와 통화할 수도 없었지만 우리의 마음이 그에게 전해지기를 바라며 예배를 드렸다.

"우리는 오늘 그리스도 안에서 한 형제 된 대니의 아버지 사무엘과 함께 예배하기 위해 모였습니다." 사무엘은 비록 신분상으로는 서류 미비자, 불법 이민자이지만 관계적으로는 우리와 그리스도 안에서 한 형제, 한 가족이다.

그가 오랫동안 살았던 나라는 그의 존재를 불법으로 간주했지만 우리에게 그는 영원을 함께 보낼, 그리스도의 피로 이어진 한 형제이다.

설교와 찬양, 기도를 드리는 동안 너무나 추워서 몸이 바들바들 떨렸다. 이민국 직원이 큰 개를 끌고 나와 우리 주변을 순찰했다. 서로가 불편한 이 모임이 빨리 끝나기를 바라는 마음이었으리라. 이 예배에는 우리에게 익숙한 편안한 의자, 입구에서 밝은 미소로 환영하며 안내하는 이들, 적당한 온도, 듣기 좋은 음향 장비와 안락한 시설 같은 것은 없었다. 주변은 모두 회색빛이었고, 아무도 우리를 환영해 주지 않았다. 어둡고 탁한 기류만 감돌 뿐이었다.

예배의 마지막 순서는 성찬이었다. 성직자 중 한 명이 큰 빵을 들고, "이것은 우리를 위해 죽으신 그리스도의 몸입니다"라고 말했다. 우리는 그 빵을 한 조각씩 떼어 나누어 가졌다. 나는 빵을 바라보며 '사무엘이 추방되기 전에 한 번만 건물 밖으로 나와서 아들과 작별 인사를 하고, 우리와 이 성찬을 함께할 수만 있다면 얼마나 좋을까?'라고 생각했다. 대니도 같은 생각을 했는지 주룩주룩 눈물을 흘리며 울고 있었다. 미국에서 태어난 대니는 이제 아버지 없이 가장이 되어 엄마와 동생과 함께 미국에서 살아갈 것이다.

하나님의 나라와 이 땅의 나라, 이렇게 두 나라에 속한 우리는 어쩔 수 없이 매일매일 세상의 법이라는 경계 안에서 긴장과 갈등을 마주하며 살아간다. 때로는 같은 하나님 나라의 백성일지라도, 이 땅의 법이 서로를 가로막고 분리시키며, 최악의 경우에는 적으로 간주하게 하여 서로를 밀어내고 생명을 빼앗도록 한다.

법은 서로 간에 존재하는 벽의 경계를 명확하게 하고 환대는 그 경계를 흐리게 한다. 성경적 환대에는 인간이 만들어 낸 모든 선과 금, 벽과 철조망을 허물어 버리는 힘이 있다. 그리스도 안에서 우리의 형제 된 대니의 아버지를 이 땅의 법이 매몰차게 몰아낼 때 우리가 할 수 있는 일은 그저 그가 갇힌 건물 밖에서 떨며 그를 위해 기도하고 예배하는 것밖에 없었다. 그 예배는 옥문을 열어 주지도, 그의 신분을 기적적으로 바꾸어 주지도 못했지만 우리는 그렇게라도 함께 예배할 수 있음에 감사했다.

손에 쥐고 있던 차가운 빵 한 조각을 입에 넣자 내 뺨 위로 따뜻한 눈물 한 줄기가 흘러내렸다. 영원히 함께 예배할 내 형제를 갈라놓는 현실의 벽 앞에서 아무것도 할 수 없음이 한없이 무력하게 느껴졌다. 예배를 마치고 돌아오는 차 안에서 시야가 계속 흐려지는 이유가 밖에서 내리는 부슬비 때문인지 내 눈에서 자꾸 솟아나는 눈물 때문인지 알 수 없었다.

16 쌀람. 우리에게 평화를!

> 평안을 너희에게 끼치노니 곧 나의 평안을 너희에게 주노라 내가 너희에게 주는 것은 세상이 주는 것과 같지 아니하니라 너희는 마음에 근심하지도 말고 두려워하지도 말라 (요 14:27)

"아랍, 중동, 시리아… 이런 단어들을 들으면 어떤 이미지가 떠오르나요?" 난민들을 섬기러 내가 사는 곳을 방문하는 이들에게 내가 묻는 질문이다. 전 세계인들은 지난 몇 년간 다양한 매체를 통해 시리아에 대한 뉴스를 들었다. 그 뉴스들은 폭격으로 폐허가 된 도시, 피투성이가 된 사람들, 그리고 부모의 시신 옆에서 눈물범벅이 된 채 울고 있는 아이들의 영상과 사진을 전해 왔다. 그래서 '시리아'라는 단어만 들어도 사람들은 잔혹하고 처절한 이미지를 자연스럽게 떠올리게 될 정도가 되었다.

나 역시 마찬가지였다. 내가 아는 시리아, 더 나아가서 아랍 세계 전체는 전쟁과 테러, 이슬람이라는 세 단어로 채워졌고 설명되었다. 그곳에 사는 이들의 이야기는 내게서 멀고 이질감이 느껴지는, 가끔씩 뉴스를 들을 때면 한숨 쉬며 잠깐 기도하게 되는, 구세주를 모른 채 죽어 가는 불쌍한 영혼들과 안타까운 상황으로만 여겨질 뿐이었다.

어느 날 우리 가족이 사는 타운에서 시리아인들을 만났다. 이곳은 여러 곳에서 온 난민들이 정착해서 사는 곳이었고, 지난 몇 년간 많은 시리아인이 내전 중인 자국을 떠나 이곳으로 이주해 왔다. 내가 속한 사역 공동체에서는 지역의 학생들을 대상으로 음악과 미술, 춤을 가르치는 작은 예술 학교를 운영해 왔는데 이곳에서 다양한 종교를 가진 어린 학생들과 부모들을 계속해서 만났다. 그렇게 만나게 된 시리아인 부모와 아이들을 통해 내가 그동안 그들을 향해 가졌던 선입견들이 산산이 조각나고 말았다.

"우리는 그리스도인들이에요. 우리 부모님도 또 조부모님도, 또 그 위로도 다 그리스도인들이었지요. 우리가 살던 도시 다마스쿠스는 전 세계에서 가장 오래된 도시 중 하나예요. 사도 바울이 다메섹 도상에서 예수를 만난 이야기 잘 알죠? 거기가 우리 동네였어요. 우리가 살던 곳은 성경의 이야기가 일어난 현장이에요. 우리 동네에 바울의 유적지가 여럿 있었답니다. 바울이 광주리에 매달려

도망친 곳도 가깝고요."

성경에서 다메섹이라고 불리는 현재 시리아의 다마스쿠스에서 온 이들은 아름답고 찬란한 문화유산을 간직한 자기 고향을 이야기할라치면 큰 눈을 반짝이며 흥분했다. 그러다가 지금은 전쟁으로 폐허가 된 자기 나라와 민족을 떠올리고는 곧 어두운 표정을 지었다. 친척이나 지인을 폭격으로 잃어버린 아픈 기억은 그들에게는 너무나 흔한 일이었다.

나는 이들과 함께 예배하고 먹고 마시며 점점 더 가까워졌다. 2,000년이 넘는 기독교 역사를 통해 집안 대대로 신앙을 전수받은 이들은 시리아 인구의 10퍼센트밖에 안 되는 소수이지만 꿋꿋이 믿음을 지키며 그들만의 독특한 예배 형식과 교회 문화를 유지하고 발전시켜 왔다.

"미국에 오니 교회가 일주일에 한 번만 모여 예배하더라구요. 그리고 예배 후에는 모두 금방 집으로 가 버리고요. 이해할 수 없어요. 우리는 매주 몇 번씩 만나 식사하고 예배하고, 예배 후에도 밤늦도록 머물며 교제하는데 말이에요. 여기서는 그리스도인들이 평상시에 서로 보고 싶어 하지 않나요?"

수시로 만나 식탁의 교제를 나누고, 찬양하고 기도하고, 말씀과 떡을 나눈 후에도 헤어지고 싶지 않아서 늦게까지 웃으며 대화하는 그 모습, 이것이 원래 교회의 모습이 아니었던가? 전 세계에 복음과 신학을 수출해 온 서구 교회를 방문한 시리아의 그리스도인들은 정작 생명력 없는 교회의 모습에 실망한 눈치가 역력했다.

시리아 친구들의 초대로 처음 그들의 집에 방문했을 때가 기억난다. 문을 두드리자 문 너머로 알아들을 수 없는 왁자지껄한 아랍어가 들려오고, 이어 문이 열리며 그들이 호들갑스러운 환대의 인사로 우리를 맞이해 주었다. 나는 '꽤나 친숙한 이 느낌, 이 낯익은 느낌은 뭘까?'라고 생각하며 집 안으로 들어섰다.

거실에는 화려한 식기들 안에 아랍 과자와 견과류가 잔뜩 놓여 있었고, 식탁에도 먹을거리가 한가득 있었다. 쌀을 포도나무 잎으로 말아서 찐 와락아늪(warak enab), 세로로 된 큰 회전 꼬챙이에 고기를 층층이 쌓아서 천천히 돌리며 굽고 이것을 얇은 빵에 곁들여 먹는 샤와르마(shawarma), 고기를 잘게 썰어 밀가루와 구운, 파이같이 생긴 킵베(kibbeh), 피스타치오를 넣어 겹겹이 페이스트리처럼 구운 디저트 바클라바(baklava), 그리고 병아리콩에 각종 허브와 계란, 빵가루를 넣고 튀겨 낸 지중해식 음식 팔라펠(falafel)과 금속 빨대가 달린 컵에 계속 물을 부어 마시는 차 마테(mate)까지.

우리를 초대한 부부는 끊임없이 음식을 권했다. 우리는 이미 배가 너무 부르다며 사양했지만 할머니가 손주에게 음식을 가져다주듯이 그들 역시 빈 접시가 보일 때마다 음식을 더 가져와서 채웠다. 메인 요리를 먹은 후에도 차와 여러 종류의 디저트가 나왔다. 우리는 아코디언 반주에 맞추어 즉흥적으로 찬양하기도 하고, 웃으며 이야기하기도 하면서 그날의 긴 밤을 보냈다.

이들은 핍박과 고난 속에서도 이렇게 함께 모여 예배하고 서로를 환대해 왔다. 평생 간직하고 싶었던 이 아름다운 추억은 하룻밤의 꿈처럼 그날 하루로 끝나지 않았다. 그 후로도 수년간 우리는 신비한 음계와 리듬의 아랍어 찬양들을 배우고, 지중해식 음식을 파는 식당에서는 볼 수 없는 다채로운 시리아 전통 음식을 맛보았으며, 무엇보다 우리가 몰랐던 그 긴 세월 동안 믿음을 지키며 예배해 온 아랍의 형제자매들과 함께 예배할 수 있었다.

직접 만나 함께 식사를 하고 대화를 나누지 않으면 상대에 대해 절대 알 수 없는 부분이 있다. 우리는 흔히 상대가 어려움에 처해 있으면 나를 그들에게 도움을 주는 존재로, 그리고 그들을 나에게 도움을 받는 대상으로 설정한다. 상대가 그렇게 요청하지 않았는데도 그들을 도와주어야 하며 가르쳐 주어야 한다고 스스로 결정해 버리는 이유는 무엇일까? 나는 시리아 난민들과 망명자들에게 그러한 선입견을 가지고 있었는데, 이제는 오히려 그들이 나에게 진정한 환대와 믿음이 무엇인지 가르쳐 주려고 내

곁으로 보냄을 받은 것은 아닐까 생각한다. 잠자는 교회, 생명력 잃은 서구 교회를 깨우려고 그들이 우리 곁에 온 것은 아닐까?

전 세계적으로 유래 없이 많은 난민이 발생하고 있는 이 시대의 배후에는 국제 사회의 이해관계가 복잡하게 얽혀 있다. 한국 전쟁이 남한과 북한만의 전쟁이 아니었듯이 시리아 전쟁에도 강대국의 입김이 작용했다. 수많은 난민이 발생하는 이유에는 단지 내부적 이유뿐 아니라 거미줄처럼 촘촘히 얽힌 국가 간의 이해관계가 큰 몫을 담당하고 있다.

그 복잡한 갈등 속에서 하나님의 성령은 우리가 이해하지 못하는 방식으로 여전히 교회를 세우고 계신다. 자국의 전쟁과 폭력을 피해 떠나온 그리스도인들이 타지에서 평화의 도구로 쓰임을 받고 있는 이 아이러니는 하나님의 오묘한 섭리 안에서만 가능한 일이다.

어쩌면 이것은 그동안 선교사를 보내기만 했던 나라가 이제는 선교사가 필요한 나라가 되었다는 뜻일까? 하나님께서 난민의 신분이 된 많은 그리스도인을 선교사로서 그들을 필요로 하는 곳에 재배치하시는 것이라면 지나친 상상일까? 선교 대상자라고 여겼던 이들을 선교사로 바라보는 순간 우리는 그들에게서 홍수처럼 쏟아져 나오는 하나님에 대한 새롭고 놀라운 지식을 배울 수 있다.

시리아 친구들과 우리 가족은 서로 없어서는 안 될, 둘도 없는 좋은 이웃과 동역자 관계로 지내고 있다. 이들이 곁에 없는 삶을 생각하고 싶지 않을 정도로, 이들은 날마다 우리에게 행복한 환대, 예배, 식탁의 나눔을 선사해 준다.

이 글을 쓰고 있는 이 시간에도 우리 집에서 아이들은 시리아인 이모에게 아랍의 역사와 문화를 배우고 있다. 사막과 낙타를 그리기도 하고, 이모가 만들어 온 새로운 과자와 디저트를 맛있게 먹기도 한다.

아이들은 중동의 교회사도 배운다. 복음이 어떻게 터키와 시리아, 실크로드를 통해 아시아까지 전해졌는지, 중동의 교회들은 그 긴 시간 동안 어떤 일들을 겪어 왔는지, 아랍의 일부 국가의 그리스도인들은 종교가 기독교로 표기된 신분증을 갖고 다니는데 그로 인해 어떤 차별을 당해 왔는지도 배운다. 주로 유럽과 서구 교회의 역사만을 배워 온 나는 이 귀한 정보들을 놓칠세라 귀를 쫑긋 세우고 도강을 하기도 한다.

'쌀람'은 아랍어로 평화라는 뜻이다. 나는 평화가 없을 것 같은 그 땅에 살았던 이들의 마음 안에서 오히려 이웃을 진정으로 환대할 줄 아는 참된 평화를 발견했다. 그들은 아무 때고 아무 이유도 없이 손님이 찾아와도 환대한다. 내가 힘들고 지친 날, 아무도 만나고 싶지 않고 어디론가 숨고 싶은 날, 갈 곳이 생겼다. 연락도 없이 그곳을 가도 그들은 놀라지 않고 나를 반갑게 맞이할 것이다. 왜 왔냐고 묻지도 않고, 언제 갈 거냐고 묻지도 않은 채 그저 따뜻한 음식과 안식처를 제공할 것이다. 난민(refugee)으로 온 그들이 어느새 나에게 참된 피난처(refuge)가 되었다. 이들을 통해 평화의 왕 예수는 오늘도 나에게 "쌀람"하며 평안의 인사를 전하신다.

17 검으나 아름답다:
피부색을 넘어 하나님의 형상 보기

> 예루살렘 딸들아 내가 비록 검으나 아름다우니 (아 1:5a)

두 자녀를 데리고 한국을 방문했을 때 피부가 하얀 편인 둘째 아이는 가는 곳마다 사람들에게 관심을 받았다. "어쩜 너는 이렇게 피부가 희고 곱니?" 지하철이나 상점에서 낯선 이들에게 이런 말을 들으면 아이는 어떤 반응을 보여야 할지 몰라서 어리둥절한 표정을 지었고, 나는 상대적으로 피부가 가무잡잡한 첫째 아이의 눈치를 살폈다.

어렸을 때부터 들어 온 이러한 말들은 우리 안에 어떤 메시지를 형성한다.

"흰 것은 아름답고 검은 것은 추하다."

"하얀 피부는 예쁘고 검은 피부는 못났다."
"하얀색은 선하고 검은색은 악하다."

세계 곳곳으로 단기 선교를 갈 때면 으레 복음 팔찌를 사용해서 아이들에게 복음을 전했다. 이러한 방식이다. 리더가 초록색 종이를 꺼내 들고 이야기를 시작한다. "태초에 하나님께서 천지를 창조하셨어요. 모든 것이 평화롭고 아름다웠지요." 다음으로 검은색 종이를 내보인다. "그런데 세상에 죄가 들어왔어요. 어둠이 들어왔고 모든 것은 죄로 물들었지요." 이번에는 빨간색이다. "하나님의 아들 예수 그리스도의 보혈로 우리는 죄 씻음을 얻었답니다." 이제 흰 종이가 등장한다. "누구든지 예수 그리스도의 죽음과 부활을 믿으면 어둠에서 빛으로 나아가게 되며 눈처럼 희게 된답니다." 마지막은 노란색 종이이다. "그러면 우리는 영광의 빛 가득한 천국에서 영원한 삶을 누리게 됩니다."

그러고는 미리 나누어 준 초록색, 검은색, 빨간색, 흰색, 노란색 구슬을 아이들에게 실에 꿰도록 해서 복음 팔찌를 만들게 한다. "이 팔찌를 끼고 다닐 때마다 각 구슬에 담겨 있는 메시지를 꼭 기억하도록 해요!"

이 리더는 배운 대로 성실히 복음을 전한 바로 나였다. 아니, 지금도 많은 단기 선교팀이 남미나 아프리카에 가서 이런 식으로 복음을 전하는데 도대체 무엇이 문제일까? 설령 그 의도에는 문제가 없다 치더라도 각 색상이 문화에 따라 다른 의미로 전달될 수 있다는 점을 간과한 문화적 민감성의 부족이라는 문제는 있을 것이다. 그리고 피부가 검은 사람들이 이 메시지를 들을 경우 과거에 유럽인들이 그들에게 주입한, '검은색은 나쁜 것, 흰색은 선한 것'이라는 고정 관념에 쐐기를 박을 수도 있지 않을까?

유럽은 16세기부터 아프리카에서 노예 무역을 시작하고 흑인들의 거주지를 식민지로 삼으면서, 여러 분야에 걸쳐 '흑인은 백인에 비해 열등하다'는 이론을 다각도로 제시했다. 이는 과학이라는 이름으로 전 세계로 퍼져 나갔다. 미국에서는 흑인의 피가 한 방울만 섞여도 흑인이라는 '한 방울 이론'이 있을 정도였다.[18]

워싱턴 D.C.에 있는 성경 박물관에 갔다가 '노예 성경'(Slave bible)을 보고 크게 충격을 받았던 적이 있다. 영국에서 1808년에 실제로 출간되었던 이 성경은 흑인 노예들이 반항하지 않고 순종하도록 주인에게만 유리한 성경 본문과 구절만을 모아 편집한 성경이다. 어떻게 이런 일이 가능했을까? 어떻게 이 성경을 인종 차별과 노예 제도를 옹호하는 데 사용할 수 있었을까?

양심에 거리낌 없이 악한 일을 계속하기 위해서는 양심

---

18 염운옥, 『낙인찍힌 몸』(돌베개, 2019), 84-85.

을 무디게 만들 무언가가 필요하다. 백인 주인들은 흑인 노예들을 열등한 존재로 만들어 버리고는 자기들이 미개한 그들을 돌보고 보호하는 역할을 한다는 선한 이미지를 스스로에게 부여했다. 흑인들이 열등하기에 보호자와 교육자가 필요하다는 논리였다. 이것이 긴 세월 동안 굳어지고 굳어져서 기정사실이 되어 버렸다.

내가 몸담고 있는 다민족 공동체에서는 성경을 읽을 때 각자의 언어로 교독해서 읽기도 하는데 그것만으로도 상당히 다양한 문화적 렌즈로 성경을 보게 된다. 어느 날 아가서 1장을 읽다가 5절에서 시선이 멈추었다.

"예루살렘 딸들아 내가 비록 검으나 아름다우니"(아 1:5a).

솔로몬이 서술하는 술람미 여인은 자신을 검으나 아름답다고 설명하고 있다. 흰 피부가 아름답다는 개념은 인류 역사에 오랫동안 박혀 있었던 것인가? 다음 구절을 보자. "내가 햇볕에 쬐어서 거무스름할지라도"(아 1:6a). 밖에서 장시간 일했던 여인은 햇볕에 그을린 자신의 피부가 미의 기준에 못 미친다고 스스로를 평가하는 듯 보인다. 영어 성경을 찾아보니 대부분 '검으나 아름답고'(black but beautiful)라고 번역하고, 유진 피터슨의 "메시지 성경"은 '날씨에 거칠어진'(weathered)이라는 표현을 써서 애써 인종 차별적인 표현을 피해 가려고 한 목회적 흔적이 엿보인다.

공동체 지체들과도 이 구절에 대해 나누었다. 우선 아

프리카에서도 피부가 더 검다고 알려진 수단에서 온 형제가 아랍어 성경에는 '검고 아름답다'(black and beautiful)라고 번역되어 있다고 말했다. 남미에서 온 형제는 스페인 성경에는 '검으나 아름답다' 또는 '검고 아름답다' 두 가지 의미로 다 해석될 여지가 있게 번역되어 있다고 말했다.

이와 관련해 당시 위클리프 성경 번역 선교회(Wycliffe Bible translators)에 소속되어 있었던 나의 멘토 정민영 선교사님께 메일로 질문을 했더니 이렇게 답이 왔다.

"술람미 여인을 북아프리카 출신으로 추측하는 학자도 있기는 합니다만 원래 검은 피부를 가진 사람이었는지는 알 수 없습니다. 히브리어는 형태론(morphology)이 발달한 대신 구문론(syntax)이 상대적으로 분화되지 않은 언어라 여기 나오는 접속사 '바브'가 '그리고'인지 '그러나'인지 문법적으로 가려내기 어렵습니다. 둘 다 가능한 해석이지요. 결국 번역-해석의 관점이 중요합니다. 주관을 배제하고 원문의 의도와 의미를 최대한 살려 내는 게 번역자-해석자의 책임이지만, 100퍼센트 객관적이 되지는 못하지요. 아무리 노력해도 주관적 관점을 벗어날 수 없기 때문인데, 그래서 개인 아닌 해석 공동체가 함께 고민해 보아야 합니다."

흥미로운 점은, 백인 위주인 서구의 해석 공동체는 대부분 '검으나 아름답고'를 선택했고, 피부가 검은 편에 속하는 중동과 아프리카의 해석 공동체는 우리가 살펴본 바에 의하면 '검고 아름답다'를 선택했다는 사실이다. 성경을 번역하기 위해서는 원저자의 의도를 파악하는 고된 해석의 작업이 필요하지만 그럼에도 같은 성경 구절을 읽어도 무의식의 세계에서 우리의 문화와 피부색이 얼마나 해석에 큰 영향을 끼치고 있는지 알 수 있다.

내가 속한 문화와 내 피부색, 그리고 살아온 배경이 나로 하여금 어떤 특정한 색깔의 렌즈를 끼고 성경을 보게 한다면 나와 문화가 다르고 피부색도 다른 어떤 이는 나와는 다른 렌즈를 끼고 성경을 읽을 것이다.

"자, 다들 빨리 오세요. 단체 사진을 찍겠습니다!"

사진사가 소리치자 우리 공동체의 구성원들이 왁자지껄 여러 나라의 언어로 떠들며 모여든다. 우리 아이들은 백인 삼촌과 이모 옆에 서고, 백인 아이들은 시리아와 아르헨티나인 이모와 삼촌 옆에 선다. 뒷줄의 사람들은 서고 앞줄에 있던 나와 아내는 앉았는데 남수단에서 온 아이들이 나와 아내 사이로 비집고 들어온다. 그중 한 아이를 내 무릎에 앉힌다. 내 조카, 유난히 검은 피부의 작은 아이, 검고 아름다운 아이. 내가 아이를 꼭 안아 주자 까르르 웃는다.

우리는 이렇게 즐거운데 사진사는 난감해한다. 각 인종이 다 모인 전시장 같은, 이리도 다양한 피부색을 가진 집단을 찍어 본 적이 없는 사진사들은 조명을 어떻게 조정해야 모두의 얼굴이 잘 나올지 고심하기 마련이다. 나는 사진사가 조명을 어둡게, 밝게 조정하는 동안 내 품에 안긴 검고 예쁜 아이를 가만히 응시한다. 그리고 미국의 팝 가수 비욘세의 노래 "Brown Skin Girl"(갈색 피부의 소녀)을 흥얼거린다.

    Brown skin girl(갈색 피부의 소녀야)
    Your skin just like pearls(너의 피부는 마치 진주 같아)
    The best thing in the world(세상에서 가장 좋고 귀한)
    Never trade you for anybody else(너를 그 누구와도 바꾸지 않을 거야)

18 너의 노래가 우리의 노래가 될 때

> 새 노래로 여호와께 노래하라 온 땅이여 여호와께 노래할지어다 (시 96:1)

전 세계에서 우리 가족이 사는 도시로 이주해 온 난민들은 대부분 고국을 그리워한다. 상황이 나아지면 언제라도 다시 돌아가고 싶어 한다.

아브라함은 수단의 내전과 학살을 피해 이집트와 시리아를 떠돌다가 난민의 지위를 인정받아 1998년에 지금 내가 살고 있는 조지아주에 재정착했다. 미국에서 전국에 물건을 배달하는 트럭 운전사로 생활하며 점차 안정되어 가던 그는 2011년 남수단이 수단으로부터 독립해서 새로운 국가가 된다는 소식을 접한다. 그는 그곳으로 다시 돌아가 지구 상에서 가장 어린 신생 국가의 건국을 돕고자 했다. 그것이 남수단의 독립에 지대한 영향을 끼친 남수단 해방군의 장교였던 아버지의 명예를 잇는 길이라고 생각한 것이다.

그는 이제 난민이 아닌 미국 시민의 자격으로 남수단과 미국을 자유롭게 오갈 수 있었다. 그는 미국 내에서는 수단과 남수단 성도들을 위한 교회들을 세우고 연결하는 일을 벌였고, 수단과 남수단에서는 다양한 부족을 대상으로 전도와 양육 사역을 시작했다. 한마디로 종횡무진, 사방팔방으로, 미국 여러 지역에 개척한 교회들과 그리고 수단과 남수단에 그를 통해 생겨난 공동체들을 연결하는 글로벌 네트워커가 된 것이다.

"나랑 같이 남수단에 가지 않을래?"

그가 이렇게 말했을 때 누구도 이 말이 농담일 것이라고 생각하지 않았다. 아브라함은 나와 몇 명의 친구들에게 남수단에 같이 가자고 권유했다. 남수단이라…. 한국 영화 "울지마 톤즈"의 배경이 되는 그곳, 국제 사회의 관심도 별로 받지 못하고, 뉴스에서도 자주 볼 수 없는 그곳.

남수단은 내전이 아직 완전히 끝나지 않은 위험 지역이다. 미국에서는 시민들에게 여행을 자제하라고 경고한 나라이다. 공식적으로 내전이 끝났다고 선포했지만 여전히 부족 간의 분쟁으로 인해 예측 불가능하게 갑자기 수백 명이 학살되는 일이 발생한다고 들었다. 그런 곳을 한국인인 나, 백인 형제와 백인 자매처럼 눈에 띄는 외국인들에게 같이 가자고 하는 이유는 무엇이었을까?

"나는 미국에서 너희들과 함께 예배하면서 인종과 민족을 초월해서 정말 하나가 될 수 있다는 걸 배웠어. 그런데 내 나라는 내가 자라는 동안 부족 간의 전쟁과 학살로 수천 명이 목숨을 잃었어. 우리 안에는 다른 부족을 미워하는 마음이 가득해. 심지어는 그리스도인들도 부족 전쟁에 가담해서 서로를 죽이기까지 했어. 우리가 남수단에 가서 함께 예배하면 많은 사람들이 우리 모습을 보고 깜짝 놀랄 거야. 서로 다르면 분리되었지 이렇게 서로 다른데 하나 된 모습은 본 적이 없으니까. 나는 서로 죽이던 부족들이 함께 예배하는 모습을 보고 싶어. 그리고 앞으로 다른 부족들에게 서로 복음을 전하는 운동을 일으키고 싶어."

이렇게 간곡히 부탁하는 친구의 청을 거절할 수 없어서 가기로 했지만 자꾸 불안한 생각이 들었다. 혹시 무슨 일이라도 생기면 어쩌지? 지금은 상황이 안 좋아서 선교사들도 거의 철수했다고 그러던데…. 뉴스를 찾아보아도 다 안 좋은 소식뿐이었다. 주변에서는 너무 위험하다며 결정을 재고하라고 했다. 지혜가 부족한 걸까? 무모한 선교 여행일까?

그러다 이런 생각이 들었다. 그동안 내가 참여했던 선

교 여행은 외부인들이 상대의 필요를 분석하고 해결책을 제시하는 일방적인 선교였다. 하지만 이번에는 현지에서 나고 자란 친구의 요청이었다. 그가 생각하는 남수단의 필요와 그가 제시하는 방식으로 동역을 할 수 있는 기회였다.

나는 인종과 문화를 넘어 하나 되는 예배 공동체를 추구해 왔으나 마음 깊은 곳에서는 아브라함을 온전히 신뢰하지 못하는 연약함이 있었다. 이번에는 그의 분석과 그의 방식대로 그의 지도력을 따라 동참하기로 했다. 하나님이 아브라함을 통해 일하실 것을 기대하면서.

전 세계로 흩어진 이주자들을 '디아스포라'라고 부른다. 이들이 우리 곁으로 오면 선교 대상자가 되기도 하지만 우리를 자신들이 온 곳으로 데려가면 그곳의 안내자요 호스트가 되기도 한다. 아브라함이 그 역할을 자처한 것이다.

말라리아 약을 미리부터 먹고, 배탈 약을 준비하고, 최대한 짐을 줄여 출발했다. 미국에서 에티오피아의 아디스아바바로 날아가서 남수단의 수도 주바로 가는 여정은 길고도 길었다. 남수단은 신생 국가답게 모든 인프라가 열악해 보였다. 주바에서 다시 우리가 사역할 도시인 와우로 가는 국내선 비행기를 탔다. 큰 프로펠러가 달린 오래된 비행기였는데 신기하게도 지정된 좌석이 없었다. 먼저 타는 사람이 원하는 좌석에 앉고 좌석이 다 차면 못 앉은 사람들은 내려야 한다고 했다.

와우에서는 불과 몇 년 전에 내전이 일어나서 사람들이 많이 죽었다. 그곳은 남수단에서 가장 다양한 부족들이 모여 사는 도시였다. 우리는 현지 교인들의 따뜻한 환영을 받은 후 민박집으로 가서 짐을 풀었다. 도시 전체에 전기가 들어오지 않았고, 물은 어린 소년들이 당나귀에 물통을 매달아 집집마다 배달했다. 밤새 동물들의 울음소리가 들리는 중에 우리는 지친 몸을 다독여, 피에 굶주린 모기들에게 온몸을 뜯기며 잠을 잤다.

다음 날, 동네 한가운데 위치한 야외 운동장에 수백 명이 모였다. 그 뜨거운 햇볕 아래서, 어디를 보아도 다 까맣고 까만 사람들 가운데 동양인인 나와, 함께 온 백인 친구 두 명이 선명하게 눈에 띄었다. 우리가 찬양을 시작하자 신기하다는 듯이 사람들이 쳐다보았고 운동장 밖을 지나가던 이들도 발걸음을 멈추고 우리를 보았다.

'저토록 선량해 보이는 이들이 지금이라도 갑자기 폭도로 변해서 서로를 죽일 수도 있다니.' 문득 슬픔이 몰려왔다. 우리 팀은 다민족 예배 공동체라서 평소에도 난민들에게 여러 언어로 찬양을 배울 수 있다. 특히 이번 사역을 앞두고는 서너 곡의 아랍어 찬양과 남수단의 소수 부족 언어로 된 노래들을 몇 곡 미리 연습해 왔다.

남수단에는 여러 부족이 사는데 내 친구 아브라함이 속한 딩카 부족이 정치적으로 가장 힘이 있는 주류 세력이라고 했다. 아브라함과 함께 찬양을 부르면서 우리 팀은 비장의 무기를 꺼냈다. 소수 부족인 모로족의 언어로 찬양을 부르기로 한 것이다. 일반적으로 남수단에서는 아랍어나 영어로 찬양을 했다. 나는 그들이 어떤 반응을 보일지 궁금하면서도 혹시 부족 간의 갈등과 상처를 떠올리게 하는 것은 아닐까 하는 노파심도 들었다.

"아로보야 아로보야 예수, 아로보야 예수 아리 마리떼리 예수."

모로족 언어로 "찬양해 예수"라는 경쾌한 곡이 흘러나오자 사람들이 다 눈을 크게 뜨고 놀랍다는 표정을 지었다. 그리고 무대 먼발치에 있던 사람들이 우르르 우리 쪽으로 다가오기 시작했다. 조금은 당황스럽고 조금은 긴장했지만 그들을 주시하며 계속 찬양을 불렀다. 그들은 춤을 추면서 무대 쪽으로 왔다.

어느새 무대와 회중의 경계가 사라져 버렸다. 누군가 내 몸을 당기는 바람에 나는 무대 아래로 떠밀려 내려갔다. 내 왼손과 오른손을 모르는 사람들이 잡고는 위 아래로 격렬하게 뛰어올랐다. 이후에는 어찌된 일인지 내가 그들과 함께 뛰면서 춤을 추고 있었다. 상상해 보라! 수백 명이 함께 뛰며 찬양하는 순간을. 그것도 소수 부족의 언어로 말이다. 우리는 그때 그곳에서 그들을 오랫동안 옭아매고 있던 어떤 견고한 손아귀의 힘이 풀어지는 것을 느꼈다.

담을 허물고 환희와 축제를 주관하시는 하나님의 영이 그곳에서 강하게 일하고 계셨다. 우리는 시간을 잊고, 부끄러움도 잊고, 크게 웃으며 힘차게 뛰고 춤추며 위대하신 하나님을 찬양했다. 전기가 들어오지 않아 불빛 하나 없는 야외에서 어두워지도록 시간 가는 줄 모르고 찬양하고 예배했다.

많은 이들이 흙먼지 날리는 운동장에 무릎을 꿇었다. 죄를 회개하고, 남수단의 부족들이 하나 되게 해 달라고 기도했다. 밤하늘에 반짝이는 별들이 우리를 향한 하나님의 미소처럼 우리 위로 쏟아지던 밤, 찬양이 도시 전체에 울려 퍼졌다.

"아니, 도대체 왜 알아듣지도 못하는 말로 찬양을 하자고 하는 겁니까?"

나는 평상시에 이 질문을 많이 받는다. 모르는 언어로 찬양을 하자는 제안이 마치 강요처럼 느껴지기도 하는 모양이다. 이 질문에 나는 이렇게 대답한다.

"성경 전체에서 예배는 하나님과 개인의 만남이자 동시에 하나님과 그의 백성의 만남으로 묘사됩니다. 하나님의 백성은 전 세계에서 그리스도를 따르는 제자들입니다.

성경은 예배자들이 함께 모여서 각자의 언어와 문화로 하나님을 예배하고 찬양할 것이라고 말합니다. 그러니까 내가 있는 곳에서 내가 속한 문화로 드리는 예배는 결국 모든 이가 모여 자신의 문화로 예배하는 그 클라이맥스의 예배를 향해 전진하고 있는 것이죠. 그렇다면 지금부터 천국의 예배를 미리 리허설 해 보면 좋지 않을까요? 내 옆에 있는 상대의 언어와 노래를 배워 함께 예배하면 그래서 그의 노래가 내 노래가 되고 내 노래가 그의 노래가 되면 우리는 좀 더 풍성한 우리의 노래를 갖게 되지 않을까요?"

이 대답의 증거가 되기에 충분한 남수단에서의 예배를 나는 결코 잊지 못할 것이다. 다음 날 아침, 아침 식사를 하러 민박집 마당에 모인 이들이 식사를 하기 전 다 같이 찬양을 불렀다. 누가 시키지도 않았고 인도하지도 않았지만 모두 자기의 언어로, 그리고 서로의 언어로 노래했다. 서로의 다름이 서로를 죽일 만한 충분한 이유가 된 그 땅에서 하나님의 영은 다름을 넘어 모두를 하나 되게 하셨다. 그 가능성은 지금도 누구에게나 열려 있다. 간절히 원하기만 한다면 말이다.

19   한 사람을 위한 노래

> 사마리아 여자 한 사람이 물을 길으러 왔으매 예수께서 물을 좀 달라 하시니 (요 4:7)

예배에 대해 묵직한 내용을 다루고 있는 요한복음 4장이 예수와 사마리아 여인 한 명과의 대화에 불과하다는 점은 참으로 놀랍다. 그리고 그 대화를 나누게 된 배경을 살펴보면 뭉클함과 감동이 밀려온다. 요한복음에서는 우리가 예배하는 대상인 주께서 예배에 대한 정말 중요한 말씀을 하신다.

그런데 그분은 초라한 무대를 택하셨다. 유대인들이 가지 않는 사마리아의 우물가, 그리고 유대인들이 사람 취급도 하지 않는 사마리아의 한 여인. 예수께서는 엄청난 기획력으로 준비된 예배 콘퍼런스를 기반으로 삼지 않으셨다. 당대 최고의 율법학자들과 참된 예배가 무엇인지에 대해 패널 토론을 하지도 않으셨다. 예수는 초라한 장소에서 세상이 무시하는 한 사람에게 가장 위대한 예배의 비밀을 나누셨다.

우리가 그리스도를 닮아 가는 방법 중 하나는 한 사람을 위해, 오직 내 앞에 있는 한 영혼을 위해, 그와 함께하는 그 순간에 내 모든 것을 쏟아붓는 것이다. 바쁜 내가 너를 위해 일부러 시간을 냈다고 생색내지 않고, 내가 너를 만나 주었으니 그에 합당한 행동을 보이라고 요구하지도 않으며, 같이 만나 먹었던 음식 사진을 SNS에 올리지 않고도, 내 모든 시선을 그에게 두고, 그의 말에 경청하며, 그 시간을 아까워하지 않는 것. 그것이 예수의 마음을 닮은 마음이리라.

우리 공동체에서는 자주 한 사람을 위한 예술 작품을 만든다. 한 사람의 이야기가 오직 그에게 불러 주기 위해 노래에 담기기도 하고, 오직 그에게 보여 주기 위해 춤을 추며, 그림을 그린다. 마치 세족식에서 대야에 담긴 물이 한 사람의 발을 씻긴 후 버려지듯이 한 사람을 위해 부른 노래, 그린 그림, 추는 춤, 낭송한 시 한 편은 때로는 그 예술 작품의 수혜자였던 당사자를 제외하고는 모두의 기억에서 사라진다.

하지만 한 사람의 발을 닦은 물이 사라져도 그 만져짐

은 그에게 기억되듯이, 한 사람의 영혼을 건드린 그 예술 작품은 그 사람의 가슴 깊이 담겨 영원한 자국을 남긴다.

사마리아 여인은 예수와 우물가에서 나눈 대화를 평생 기억하지 않았을까? 그분이 자신에게 보낸 시선과 경청하는 자세, 그분이 던진 질문들과 설파하신 진리들을 아마도 하나도 잊지 못했을 것 같다. 자세히 살펴보면 예수는 여인의 환대를 절실히 필요로 하는 목마른 나그네의 자세로 그녀를 만나셨다. 만유의 주 예수와 여인과의 일대일의 만남은 그렇게 겸손한 왕의 자세로부터 시작되었다.

나와 아내는 예배 예술 선교사라는 직함을 가지고 있다. 모든 민족이 그들의 문화와 예술적 표현으로 그리스도를 예배하도록 돕는다는 우리의 비전과 사명은 현장에서 한 사람의 이야기에 귀 기울이는 모습으로 종종 나타난다. 아내는 난민 청소년들이 자신의 문화 정체성을 찾아 이를 예술적으로 표현하도록 돕는 캠프에 강사로 갔다가 한 소녀를 만났다.

소녀는 소말리아에서 태어났지만 어린 시절 대부분을 케냐에 있는 난민 캠프에서 보냈다. 아내는 그 아이를 보자마자 강한 끌림을 느꼈다고 했다. 그래서 소녀와 대화를 주고받았다.

"너는 어떤 이야기로 노래를 만들고 싶니?"

"저는 엄마에 대한 노래를 만들고 싶어요."
"그래? 엄마는 어떤 분이니?"
"엄마는 제가 아기일 때 돌아가셨어요. 그래서 저는 엄마에 대한 기억이 없어요."
"그렇구나. 그럼 엄마가 듣던 음악이 어떤 스타일이었는지 한번 찾아볼래? 그리고 엄마에게 하고 싶은 말을 가사로 적어 보면 어떻겠니?"

캠프 기간 동안 소녀와 아내가 다시 만났다. 소녀는 아빠에게 물어 엄마가 좋아하던 스타일의 음악을 몇 개 찾아왔다. 그리고 아내에게 자신이 쓴 가사를 보여 주었다.

엄마, 사랑해요.
그리고 보고 싶어요.
엄마는 왜 그렇게 일찍 나를 떠나셨나요?

아내의 눈에 눈물이 고였다. 낯선 사람 앞에서 소말리아 소녀는 그동안 마음속에 담아 두었던 엄마에 대한 그리움과 원망을 드러냈다. 아내는 소녀의 엄마가 좋아했던 음악을 들으며 그와 비슷한 스타일로 새롭게 곡을 작곡했고, 소녀는 그 그리움의 무더기를 더듬어 단어를 찾아 가사를 만들었다.

17살인 그 아이는 소말리아에서 태어나 케냐에서 자랐

고 지금은 미국에 재정착했기에 소말리아어, 스와힐리어, 영어 이렇게 세 가지 언어를 구사한다. 아내는 세 언어를 다 사용해서 노래에다 엄마에게 하고 싶은 말을 담아 보라고 권했다. 그 언어들에 그 아이의 성장 과정과 감정, 그리고 자아 정체성이 들어 있기 때문이다.

소녀는 노래를 만들며 자기 이름의 뜻이 엄마의 부족 언어로 '행복'이라는 것을 알게 되었다. 딸이 태어나기를 기다리며 행복해하는 엄마의 모습을 상상하자 그동안의 원망이 사라졌다. 소녀는 이 내용을 넣어서 가사를 완성했다.

> 엄마, 사랑해요.
> 보고 싶어요.
> 왜 그렇게 일찍 저를 떠나셨나요?
> 나는 엄마가 나를 가졌을 때 너무 행복해하셨던 것을 상상해요.
> 엄마는 내 이름을 '행복'이라고 지으셨죠.
> 너무나 행복했기에.

아내와의 만남을 통해 소녀는 기억에 없던 엄마를 상상하고 기뻐할 수 있었다. 소녀와 함께 노래를 만든 아내는 이 경험을 절대로 잊지 못할 것이다. 소녀 역시 자신의 이야기에 귀 기울여 주고, 자신에게 가장 소중한 사람을 향해 한 번도 고백하지 못했던 내용을 끄집어내 노래를 만들도록 도와준 아내의 환대를 잊지 못할 것이다.

아내는 이 소녀와 함께 많은 시간을 보냈다. 처음 들어 보는 소말리아 음악 스타일을 분석하고, 한 번도 가사를 써 보지 않은 소녀가 긴장하지 않도록 다독이고 격려하는 것 역시 아내의 몫이었다. 그 모든 것이 한 소녀를 위한 환대의 마음에서 비롯되었다.

아내가 소녀와 만든 노래는 산업과 소비의 관점에서 본다면 아무런 가치가 없다. 소녀 외에 그 노래를 기억하는 이는 아내밖에 없으며, 그 노래는 소셜 미디어나 음원 사이트에 올라가지도 않을 것이다. 세상은 많은 사람에게 들려지지 않을 음악을 만드는 것을 무의미하다고 판단한다. 하지만 예술의 역할 중 하나는 사람과 사람을, 영혼과 영혼을 연결해 깊은 울림을 만들어 내는 것이다.

경제적인 측면에서 보면 한 사람만을 위한 예술에는 큰 가치가 없다. 하지만 우리는 한 사람을 위한 노래와 춤, 그림이 가진 힘을 날마다 목격한다. 한 사람의 영혼이 누군가의 관심과 사랑으로 터치되는 것은 어마어마한 일이다. 우리는 한 사람을 만나기 위해 멈추어 서야 한다. 상대의 환대가 필요한 존재로, 또 동시에 상대의 환대를 필요로 하는 존재로 다가가야 한다.

사마리아 여인은 예수와의 만남을 미리 예약하지 않았

다. 유명한 투자자와의 점심 한 끼처럼 엄청난 비용을 치를 필요도 없었다. 사랑이 낯선 곳으로 찾아와 아무도 관심을 두지 않던 한 사람을 만지셨다. 한 사람을 위한 노래는 비효율적이다. 하지만 그 안에는 한 영혼을 찾아오신 그리스도의 사랑이 녹아 있다.

20 몸의 거리, 마음의 거리

그의 안에서 건물마다 서로 연결하여 주 안에서 성전이 되어 가고 (엡 2:21)

문을 두드리는 소리에 하던 일을 멈추고 나가니 옆집 사는 압둘 할아버지가 무화과 열매가 가득 담긴 접시를 내민다. 집에 있는 나무에서 잘 익은 열매들만 골라 딴 모양이다. "이거 먹고, 이 집 딸아이한테 아무 때나 와서 무화과 열매를 마음껏 따서 먹으라고 해요!"

우리 집 오른편에 사는 압둘과 그의 아내는 아프가니스탄에서 온 무슬림들이다. 그들은 라마단[19] 전후로 맛있는 전통 음식을 가져오기도 하고, 집에서 재배한 신선한 채

---

19 매년 반복되는 이슬람의 금식 월로, 해 뜰 때부터 해 질 때까지 금식 후 저녁을 먹는다.

소를 갑자기 가져오기도 한다. 때로는 물건을 빌리러 우리 집에 오기도 하고, 얼마 전에는 손주들이 입던 옷을 우리 애들에게 주겠다며 가져오기도 했다. 하루는 차를 타고 나가려는데 압둘이 자기 정원에서 소리친다. "어디 가는 건가요?" "아, 잠깐 장 보러 가요." 내가 대답하자 다시 그가 소리친다. "가서 혹시 쿠폰 같은 거 있으면 좀 가져와요!"

압둘은 우리 집을 아무 때고 찾아온다. 그가 생각하는 이웃은 서로의 집을 자유롭게 왕래하며 필요한 물건을 빌려 쓰고, 음식을 나누어 먹는 정겨운 관계이다. 그들 부부는 컴퓨터나 전화, 인터넷에 문제가 있으면 나를 찾는다. 처음 압둘의 집에 갔던 때를 기억한다. 마치 페르시아에 온 것처럼 바닥에 붉은 카펫이 깔려 있었고 각종 페르시아 문양과 장신구가 집 안 곳곳에 놓여 있었다. 그리고 특이한 향냄새가 났다.

압둘의 아내는 손님이 왔으니 당연한 일을 한다는 듯이 차와 각설탕, 그리고 전통 과자들을 꺼내놓았다. "먼저 이것 좀 먹어 봐요." 잠깐 그 집의 인터넷 연결 상태를 확인하러 갔던 나는 얼떨떨한 상태로 그들의 환대를 접해야 했다. 노부부가 아프가니스탄의 가파른 산을 넘어 탈출했던 모험기에 이어 그들의 문화와 전통에 대한 이야기가 이어졌다. 그렇게 첫날, 몇 분이면 끝날 줄 알았던 방문이

한 시간을 훌쩍 넘겼다. 요즘도 그들은 별일 아닌 일로 우리 집 문을 두드린다. 일이 아니더라도 이웃과 정을 나누겠다고 찾아오기도 한다. 우리 가족은 그들 부부를 언제나 반갑게 맞이한다.

우리 집 왼편에는 그리스도인인 백인 할머니가 살고 있었다. 자녀 없이 남편과 살다가 몇 년 전에 사별하고는 혼자 사는 분이었다. 프라이버시가 강한 미국 문화에 따라 그녀도 우리도 갑자기 서로의 집에 찾아가는 일은 없었다. 그녀는 가끔 여행을 떠날 때면 나에게 전화를 걸어 한동안 집을 비울 테니 혹시 자기 집에 무슨 일이 생기면 전화해 달라고 부탁했다.

언젠가, 여행에서 돌아온 할머니가 전혀 눈에 띄지 않고 인기척도 나지 않아서 그 집에 찾아가 문을 두드렸다. 불도 켜져 있고 차도 주차되어 있어서 집 안에 사람이 있는 것 같았지만 아무 대답도 없었다. 아내도 걱정이 되어서 연신 전화를 걸었지만 받지 않았다. 그렇게 며칠이 지났다. 외출하고 돌아오는데 할머니의 집 앞에 경찰차와 구급차가 대낮인데도 밝은 빛을 번쩍이며 정차해 있었다. 할머니가 들것에 실려 구급차 안으로 들어가는 모습이 얼핏 보였다.

"무슨 일인가요! 괜찮으신가요? 저는 옆집 이웃입니다." 그러자 할머니의 동생이라는 분이 이렇게 대답했다.

"아, 글쎄 제 언니가 거의 일주일이나 바닥에 쓰러져 있었지 뭐예요!"

자초지종을 들어 보니 이러했다. 다른 주에 사는 동생을 방문한 할머니는 여행에서 돌아온 날 거실에서 쓰러졌는데 의식은 있었으나 몸이 말을 듣지 않아서 움직일 수가 없었다. 동생은 언니가 잘 도착했는지 궁금해서 전화를 계속했지만 연락이 되지 않았다. 우리 가족 외에도 주변 이웃들이 전화를 하고 문을 두드렸지만 할머니는 아무 응답도 할 수 없었다. 동생이 경찰에 신고했지만 경찰은 집주인의 허락 없이는 문을 따고 집에 들어갈 수 없다고 했다. 결국 동생이 와서 문을 부수고 들어가 바닥에 쓰러져 있는 언니를 발견했다. 그 상태로 무려 일주일이나 지난 것이다.

다행히 할머니는 생명에는 지장이 없었고, 심한 탈수와 영양 부족으로 장기간의 치료가 필요했다. 하지만 가까이에서 돌보아 줄 가족이 없어서 할머니는 결국 요양 시설로 갈 수밖에 없었다. 그렇게 구급차에 실린 모습을 마지막으로 할머니를 다시는 볼 수가 없었다.

참으로 역설적이게도, 오른편에 사는 무슬림 압둘과 그의 아내는 우리와 종교가 달랐으나 몸과 마음이 가까운 이웃으로 지냈지만, 왼편에 사는 미국인 할머니는 우리와 종교가 같았지만 몸도 마음도 나누지 못했다. 마치 큰 장

벽이 놓여 있는 느낌이었다. 도와주고 싶어도 도울 수 없는, 이웃이 되고 싶어도 다가갈 수 없는 큰 벽이 있었다.

인간관계가 깊어지려면 몸의 거리만큼 마음의 거리도, 마음의 거리만큼 몸의 거리도 가까워져야 한다. 현대 개인주의와 소비주의의 물살에 몸을 맡기면 그것은 관계를 강화하는 쪽으로 우리를 데려다 주지 않는다. 마음을 굳게 다잡고, 정신을 차리고, 의도적으로 반대 방향으로 나아가지 않는 한 우리는 몸도 마음도 점점 이웃과 멀어지는 세상에서 살고 있는 것이다.

공과 사가 명확해야 하고, 만나려면 미리 약속을 해야 하고, 자기 일은 자기가 알아서 해야 하는 세상에서 우연히 만나서 친해지는 일은 점점 드물어질 수밖에 없다. 서로의 집안 사정을 속속들이 알던 마을 공동체가 도시화되어 높은 담벼락으로 둘러싸인 주택에서 살아가면서 우리는 고속도로와 자동차를 이용하여 더 빨리, 더 자주 만날 수 있게 되었지만 정작 깊이 있는 관계로 발전하기는 더 어렵게 되어 버렸다. 교통과 통신의 눈부신 발달로 인류 역사상 연결이 가장 잘되는 이 세대는 한편 가장 외로운 세대로 전락하고 말았다.

"노래하는 교회"라는 찬양곡에서 나는 히브리서 10:25을 근거로 '그날이 다가옴을 볼수록 모이기를 힘쓰며'라는 가사를 썼다. 팬데믹으로 인해 몸과 몸이 모이는 것이 어려워졌다. 도대체 '모인다'는 것의 의미가 무엇일까? 나는 몸과 마음이 연결되는 것이라고 생각한다. 몸은 가까이에 있으나 서로의 마음은 천리만리 멀게 떨어진 관계가 있는가 하면, 마음은 가까우나 몸이 멀리 떨어져 있어서 더 이상 가까워지기 어려운 관계도 있다. 팬데믹 상황은 우리에게 모여서 함께 예배하는 것에 대해 전에는 미처 생각하지 못했던 수많은 질문을 던지고 있다.

코로나 바이러스 감염증-19에 걸린 지체 중 혼자 사는 이에게 주려고 집에서 요리를 했다. 음식을 용기에 정성껏 담고 겉에다 당신을 생각하고 기도하고 있노라고 메모를 적어 붙였다. 그의 집 앞에 살며시 음식을 내려놓고 문자를 보냈다. 나는 내 몸으로 직접 요리한 음식을 내 몸으로 직접 배달했다. 그를 안아 주지 못하고 떠나는 상황이 안타까울 뿐이었다.

한 지체와 마스크를 쓰고 마주 앉아 대화를 나누었다. 그가 자신의 가족에게 닥친 깊은 슬픔을 이야기했다. 마스크에 가려져 얼굴 표정을 다 읽을 수는 없었지만 그의 눈에 눈물이 그렁그렁 고이는 것이 보였다. 손을 잡아 주고 싶었지만 사회적 거리 두기를 실천하는 중이라 마음에 갈등이 일었다. 손 세정제를 듬뿍 바르고 손을 박박 닦은 뒤 그의 손을 잡았다. 온기가 느껴졌다. 말로 다 할 수 없는 위로를 손과 손을 통해 전했다.

어쩌면 우리의 예배는 콘서트홀에서 공연을 관람하는 것처럼 되어 버린 것은 아닐까? 옆에 앉은 이와 같은 장면을 보며 울고 웃지만 공연이 끝나고 밖으로 나오면 서로 아무 상관없는 사이가 되어 각자의 삶으로 돌아가 버리는 것처럼 말이다. 왜 우리는 함께 예배하지만 서로 간의 깊은 연결을 경험할 수 없는 걸까? 왜 우리의 마음과 몸은 더 이상 가까워지지 않는 걸까?

성경은 우리 몸이 하나님의 성전이라고 말한다. 이는 각 개인이 하나님의 성전이며 동시에 우리 모두가 하나로 연결되어 성전으로 지어져 간다는 뜻이다. 교회는 분리된 개인의 집합이 아닌 유기적으로 연결된 몸이며 하나의 성전인 것이다.

우리는 계속해서 예배와 삶의 구조를 서로의 몸과 마음이 가까워지고 연결되는 방향으로 바꾸어 가야 한다. 아무 노력도 하지 않고 그저 내버려 둘 때 세상의 물결은 서로를 연결하는 대신 분리하는 방향으로 우리를 인도할 것이다. 진정한 치유와 변화, 그리고 하나 됨은 인간관계를 통해 하나님의 성품을 경험할 때 일어난다. 예수는 문자로 이루어진 신학적 명제를 던지는 대신 살아 숨 쉬는 몸을 가진 사람으로 오셨다. 몸과 마음 가까이, 그리고 우리 곁에 깊숙이.

21 시간을 지킬 수 있는 특권

> 내일 일을 너희가 알지 못하는도다 너희 생명이 무엇이냐 너희는 잠깐 보이다가 없어지는 안개니라 (약 4:14)

처음으로 그를 만나기로 한 날, 나는 약속 시간보다 조금 일찍 도착해서 좋은 자리를 물색해 놓고 그를 기다렸다. 그에 대해 좋은 이야기를 많이 들었기에 나는 그를 꼭 만나고 싶었다. 하지만 그는 약속 시간이 넘어도 오지 않았고, 30분이 지나서야 조금 늦는다고 문자를 보내 왔다. 무슨 사정이 있을 것이라고 생각하고 너그러운 마음으로 기다렸지만 그는 한 시간이 넘어도 오지 않았다. 이제 걱정은 짜증으로, 짜증은 점차 분노의 감정으로 변해 갔다.

약속 시간을 잘 지키는 편인 나는 상대가 그렇지 않으면 나에 대해 예의가 없고 무례한 것이라고 받아들인다.

그것도 초면에 한 시간 이상을 기다리게 한다는 것은 상당한 실례였다. 그런데 믿을 수 없게도 그는 두 시간이 지나고 나서야 약속 장소에 도착했다. 나는 상당히 불쾌한 감정을 애써 감추며 그를 맞이했다.

"아, 미안해요. 내가 트럭을 운전하는 일을 하는데 길에서 이래저래 일들이 생기는 바람에 늦어졌어요." 그는 미안하다고 말했지만 진심으로 미안해한다는 느낌이 들지 않았다. 그는 이후로도 약속 시간을 제대로 지키지 않을 때가 많았다. 그뿐 아니라 연락 없이 우리 집에 불쑥 오기도 했고, 심지어는 갑자기 가족 모두를 데리고 식사 시간에 온 적도 있어서 아내와 나는 그날 허겁지겁 식사를 준비해야 했다.

그는 아프리카의 한 나라에서 자랐다. 그의 아버지는 일부다처제의 가장으로, 열 명이 넘는 아내가 있었고 수십 명의 자녀가 있었다. 그중 몇 명은 가난과 사고로 잃었고, 그의 삶에는 예측할 수 없는 일들이 늘 가득했다. 전쟁으로 폐허가 된 그의 나라는 사회적 인프라가 항상 열악했고 누구도 시간을 제대로 지킬 수가 없었다.

눈앞에서 문들이 닫히는 가운데 저 멀리 열려 있는 문이 보이면 그는 서둘러 그 길을 향해 가야 할 수밖에 없었고, 그 때문에 계획과 삶의 우선순위는 수시로 바뀌었다. 장기간의 계획을 세우는 것 자체가 불가능했기에 순간마다 주어지는 공급과 기회를 따라 살아왔다. 그렇게 살아온 사람들은 서로의 상황에 대해 충분히 이해하고, 약속 시간을 지키지 못하는 것에 크게 신경 쓰지 않는다.

전 세계에서 모인 난민과 이민자로 가득한 다민족 공동체에 있다 보니 시간을 지키지 못하거나 아예 시간 개념 자체가 없는 이들을 많이 만났다. 나는 시간을 철저히 지켜야 한다는 강박이 있어서 처음에는 짜증과 화가 올라왔지만 이들과 오랫동안 함께 지내오면서 새로운 개념이 정립되었다. 그것은 바로 약속 시간을 지킬 수 있다는 것은 상당한 특권이라는 깨달음과 자각이었다.

내가 살아온 사회에서는 시간을 어기는 것은 잘못된 행동이었다. 그것은 게으름과 나태함, 훈련되지 못한 삶의 증거였다. 시간을 지킬 수 있다는 믿음의 배후에는 내가 원한다면 제시간에 약속 장소에 도착할 수 있도록 돕는 사회적 구조가 존재해야 한다. 즉, 내가 원하는 때에 원하는 장소에 가기 위해서는 잘 닦여진 길과, 나를 태워 줄 교통 시설, 그리고 그런 사회적 인프라를 지탱할 수 있는 안정적인 시스템이 갖추어져 있어야 한다.

남수단의 울퉁불퉁하고 흙먼지가 풀풀 날리는 길을 차를 타고 가면서 나는 몇 차례나 차의 천장에 머리를 세게 부딪쳤다. 자주 시동이 꺼지는 바람에 내려서 수차례 차를 밀어야 했다. 어떤 때는 진흙탕에 바퀴가 빠져서 진땀을 빼야 했다. 진창에 처박힌 차를 길에 그대로 두고 무작정 걸어서 이동해야 했던 그들에게 약속 시간을 지킨다는 것은 사회적 인프라가 잘 갖추어진 곳에 사는 사람들이나 누리는 특권이었다.

"나 가는 길에 차가 퍼졌는데 지금 빨리 와 줄래?"

고물 차를 끌고 다니거나 차비조차 없어서 걸어 다니는 이들과의 약속은 이렇게 오히려 내가 그에게로 가서 타이어를 갈아 주거나 내 차를 태워 주는 일로 언제고 대체될 수 있다. 그리고 이제는 이러한 상황에 내가 익숙해지고 있다. 그들이 시간을 어길 때면 여전히 짜증이 나지만 전보다는 훨씬 더 이해심이 넓어졌다.

경제적인 안정과 발달된 교통 환경 속에서 살아온 이들은 자신이 시간을 통제할 수 있다고 믿는다. 그렇지 못한 상황에서 살아온 이들은 약속 시간을 지키지 못해도 상대방과의 관계가 깨어지지 않으리라는 믿음이 있다. 시간을 지킬 수 있는 사회와 시간을 지킬 수 없는 사회, 이 중 하나님에 대한 믿음이 자라기 쉬운 토양은 어느 쪽일까?

우리 공동체의 예배 시간에는 시작부터 끝날 때까지 사람들이 계속 온다. 오기로 한 사람이 못 오기도 하고 못 온다는 사람이 갑자기 오기도 한다. 예배 기획과 인도를 맡은 이에게는 당황스러운 일이지만 이제는 다들 흔들림 없이 예배를 인도할 수 있으니 어느 정도 경지에 오른 것 같기도 하다.

시간을 지킬 수 없던 곳에서 온 사람들은 어떤 일을 할 수 있을 때 얼른 해치우고, 누군가를 볼 수 있을 때 시간에 상관없이 보러 간다. 내일은 어떻게 될지 전혀 알 수 없기 때문이다. 그래서 어떤 이는 아침에, 어떤 이는 한밤중에 우리 가족을 찾아온다.

"아침에 출근하다가 인사하려고 왔어요."

"잠깐 지나는 길에 생각나서 들렀어."

우리 타운에는 아프리카에서 온 형제가 가족과 함께 살고 있었다. 그런데 코로나19가 전 세계적으로 퍼질 무렵 고국에 있던 형제의 아버지가 돌아가셨다. 장남으로서 아버지의 장례를 치러야 했기에 그는 고민 끝에 가족을 남겨 두고 고국에 다녀오기로 결정했다. 그동안 가족은 나와 공동체가 돌보기로 했다. 그런데 그가 장례를 마치고 돌아오려고 할 때 국경 봉쇄령이 내려졌다. 언제 다시 미국으로 올 수 있을지 모르는 상황이었다. 그가 다급하게 전화를 했다. 아버지의 죽음에 대한 슬픔에서 아직 헤어나지도 못했는데 가족들 곁에 올 수도 없어서 그는 너무나 절망하고 있었다.

"언제 그곳으로 갈 수 있을지 모르겠어."

"기도할 테니 걱정 마. 가족들은 우리가 잘 돌볼게."

"그래. 나 없는 동안 가족들을 잘 부탁해."

전화를 끊고 잠시 멍하게 있었다. 형제가 돌아오지 않으면 가족들은 어떻게 살아가지? 공동체가 할 수 있는 일은 무엇일까? 며칠 뒤 형제에게서 기쁜 소식이 들려왔다. 너무 성급히 국경을 봉쇄하는 바람에 자국으로 돌아가지 못한 외국인들이 많았고 그로 인해 다른 국가들의 압박이 심해져서 잠시 하늘 길이 열렸다고 했다. 그는 그렇게 다시 가족 품으로 돌아왔다.

이번 일은 나에게는 매우 당황스러운 상황이었으나 그는 비일비재하게 겪어 온 일들이었다. 그는 매 순간 계획이 바뀌고, 길이 막히고, 가족과 헤어져야 할 때마다 하나님을 의지해 왔다. 시간과 공간을 초월해서 일하시는 하나님의 선하심을 경험해 왔다. 어쩌면 나는 정해진 시간의 테두리 안에서만 하나님의 일하심을 경험해 온 것은 아닌지 모르겠다. 시간을 지킬 수 없는 곳에서 온 이들로 인해 나는 내 시간 밖에서 그분의 시간대에 일하시는, 서두르지 않는 하나님을 보게 되었다.

22 밥과 국을 주시며

> 예수께서 이르시되 나는 생명의 떡이니 내게 오는 자는 결코 주리지 아니할 터이요 나를 믿는 자는 영원히 목마르지 아니하리라 (요 6:35)

아내는 식사할 때 국이 있어야 하는 편이다. 아내가 자란 집의 식탁에는 늘 따뜻한 국물이 있었다고 한다. 우리 공동체는 토요일 저녁에 예배를 드린다. 이때 각자 가져온 음식을 나누며 함께 식사하는데 이것이 자연스럽게 예배의 일부로 인식되어 왔다. 함께 지속적으로 식사를 하다 보면 가져오는 음식에 대한 이해가 생기고 서로의 식사 문화도 배우게 된다. 음식만큼 서로를 깊게 이해하게 해 주는 요소도 드문 것 같다.

쌀밥을 주식으로 삼는 이들이 있는가 하면, 빵을 또는 국수, 난, 인제라 등을 주식으로 먹는 이들도 있다. 우리 공동체의 미술가는 이것을 주제로 "나는 생명의 '밥, 빵, 국수, 인제라, 난'이니" 시리즈를 일러스트로 그렸다.

음식을 나누는 자리에서는 어릴 때 먹었던 추억의 음식에 대한 이야기가 빠지지 않는다. 이러한 대화는 공동체를 하나 되게 하는 데 큰 역할을 한다. 다양한 국적의 이들이 자신에게 익숙한 음식을 가져와 함께 나누어 먹으며 식탁에서 하나 되는 느낌처럼 하나님 나라의 실체에 가까운 모습이 또 있을까 싶을 정도로 우리는 그 순간 강렬한 행복감을 느낀다.

나는 한글 성경에서 예수께서 자신을 '생명의 떡'이라고 말씀하셨다고 번역한 것에 약간의 아쉬움을 느낀다. 원래 팔레스타인 지역의 주식이 납작한 빵이었고, 들고 먹기에 편리한 휴대성이 강한 음식이었기에 밥보다는 빵의 모양새에 가까운데다가, 성찬까지 고려한 번역이었다면 밥보다는 떡이 더 어울렸다는 것은 인정하고도 남는다. 하지만 우리 문화에서는 쌀밥이 주식이라는 점을 감안하면 생명의 떡보다는 생명의 밥이라고 번역하는 것이 훨씬 더 잘 와닿지 않았을까?

우리 공동체에서는 빵보다는 밥 문화가 훨씬 보편적이다. 아랍, 남미, 아시아, 아프리카는 빵과 밥이 공존하지만 밥이 더 주식에 가깝지 않나 싶을 정도로 사람들은 자주 그리고 많은 양의 밥을 소비한다.

그리스도인이라고 해도 다른 종교의 영향을 많이 받은 문화권에 살았다면 가리는 음식이 있기 마련이다. 이슬람 문화권에서 온 이들은 돼지고기를 낯설어하며 잘 먹지 않는다. 또는 소고기가 너무 귀해서 잘 접하지 못했던 이들도 있다. 다민족 공동체에서 여러 민족이 쉽게 먹을 수 있는 식재료는 닭고기, 쌀밥, 채소 정도이다.

"오늘 우리에게 일용한 양식을 주시옵고."

우리는 주기도문의 이 부분을 암송할 때면 우리가 흔히 먹는 주식을 떠올린다. 좀 더 구체적으로 적어 본다면, "오늘 우리에게 난과 카레를 주시고", "오늘 우리에게 인제라를 주시고", "오늘 우리에게 쌀국수를 주시고", "오늘 우리에게 밥과 국을 주시고"가 될 수 있다.

일용한 양식을 달라는 기도는 우리의 일상 가까이에 거하시는 그리스도의 임재에 대한 인식과 매 순간 하나님을 의지해야 한다는 두 요소를 담고 있다. 우리가 늘 주식으로 먹는 평범한 음식처럼 그리스도께서 늘 우리 곁에, 그리고 우리 안에 깊이 내주하신다는 확신은 양식을 주시는 하나님께서 멀리 계시는 분이 아니라 직접 일용한 양식이 되시는, 가까이 계신 임마누엘 하나님임을 상기시켜 준다.

초대 교회에서는 지금처럼 정교한 예전으로서의 성찬식을 행하지 않았던 것 같다. 고린도전서 11:17-34에 나오는 바울의 권면을 보더라도 성찬식이 일반적인 식사 모임이었거나 그 일부였으리라고 추측할 수 있다. 기독교 성례에서 문화와 인종, 언어를 뛰어넘어 가장 보편적이고 우주적인 실천은 세례와 성만찬인데 그 성례에서는 물, 빵, 포도주가 사용된다. 참으로 평범한 일상의 재료들이다. 팔레스타인에서 얇은 빵과 포도주는 그들의 일상과 가장 가까우면서도 그리스도의 살과 피를 매우 선명하게 설명해 준 입체적인 재료들이었다.

왜 이 재료들은 우리의 일상과 가까이에 맞닿은, 동시에 우리의 생존과도 밀접한 관계가 있는 것들로 이루어졌을까? 나는 왜 예수께서 우리가 먹고 마시는 순간마다 자신을 기억하기를 원하셨는지 궁금하다. 성만찬의 신비를 다 이해하지는 못하지만, 가장 평범한 재료를 가장 신비한 예배와 묶어 놓으신 것 자체가 우리에게 던지는 메시지라고 생각한다. 먹고 마시지 않으면 생존할 수 없는, 음식에 의존적인 우리의 평범한 일상을 구별된 예배와 연결하신 것은 우리가 두고두고 묵상하고 곱씹어 볼 주제이다.

우리는 그동안 어쩌면 분리된 공간과 구별된 형식으로서의 예배를 지나치게 강조해 온 나머지 일상의 공간과 평범한 요소들 가운데서 찾을 수 있는 예배의 신비를 상실한 것은 아닌지 모르겠다. 그중에서도 예배의 일상성을 회복해야 할 가장 거룩한 장소는 바로 지체들과 함께하는 식탁이 되어야 함을 나는 강조하고 싶다. 구별된 예배에서 성찬을 나누는 지체가 나와 일상에서 떡을 떼는 지체가 될 때 그것은 진정으로 그리스도 안에서 한 식구(食口: 함께 밥을 먹는 사람들)가 됨을 의미하기 때문이다.

공동체가 모여 식사할 때면 어떤 사람은 몇 시간 동안 심혈을 기울여 만든 야들야들한 고기를 선보인다. 또 다른 이는 여덟 시간이나 걸려서 매우 아름다운 디저트를 만들어 오기도 한다. 바쁘게 오느라 감자칩 한 봉지를 들고 오기도 하고, 또 돈이 없지만 빈손으로 오지 않고 바나나를 한 뭉텅이 들고 오기도 한다. 물론 빈손으로 와도 전혀 상관이 없다. 모두가 기뻐하고 모두가 행복한 이 식탁 교제에서는 한 번도 음식이 부족한 적이 없었다. 오천 명이 먹고도 열두 광주리가 남았듯이 음식이 차고 넘친다. 그리고 남은 음식은 누구든지 싸 갈 수 있다.

공동체 예배 중 성찬식 때 사용하는 음식도 다양하다. 주먹밥이나 김밥, 아랍식 또는 유럽식 빵을 나누기도 하고, 포도주 대신 주스와 음료, 때로는 물을 나누기도 한다. 민감한 부분이기는 하지만, 예수께서 당시 일상의 주식을 사용하셔서 성찬을 행하셨음을 고려하면 여러 민족이 함께하는 예배에서 성만찬 또한 문화적으로 성육신 하는 것이 당연하고 가능하지 않을까?

우리 타운에는 카렌 민족이 많이 산다. 카렌족은 미얀마와 태국의 국경 지역에 위치한 대규모 난민촌에서 살아가는, 나라 없는 민족이다. 이들은 일찍이 미얀마와 태국을 방문한 선교사들로부터 복음을 받아들여서 난민촌 안에 성경 학교를 세우고 선교사를 양성하는 등 뜨겁게 신앙생활 하고 있다. 그런 그들이 지난 수년간 난민의 신분으로 대거 미국으로 이주해 정착했고, 상당히 많은 수의 카렌족이 우리 타운으로 왔다.

어느 날 카렌 친구가 그의 집에서 드리는 예배에 초대해 주어서 간 적이 있다. 기도와 설교, 찬양 시간은 여느 예배와 다르지 않았지만 만찬은 새로운 경험이었다.

식탁이나 밥상도 없이 바닥에 가득 놓인 그릇들 안에는 닭고기와 돼지고기 요리, 그리고 신선한 채소들이 잔뜩 담겨 있었다. 맨손으로 바닥에 놓인 음식들을 먹는 이 만찬 시간은 그들이 '식구'처럼 '함께 살면서 끼니를 같이 먹는' 공동체임을 한눈에 알 수 있게 해 주었다. 음식을 먹는 방식 자체가 함께 나누어 먹는 방식을 전제하고 있었다.

이 만찬 시간은 아주 길었다. 이 만찬이야말로 이전의 모든 순서보다 예배의 핵심이 아닐까라는 생각이 들 정도였다. 그 만찬에 초대된 우리 가족에게 그들은 지나치게 눈길을 주지는 않았지만 계속해서 우리 가족 쪽으로 음식들을 밀어 주며 환대를 표현했다.

카렌족은 나라가 없다. 제2차 세계 대전 중 영국이 카렌족에게 연합군을 도우면 독립하게 해 주겠다고 해서 전투에 참가했지만 늘 그렇듯 소수 민족은 강대국에게 이용만 당했을 뿐이었다. 그들이 거하는 난민 캠프는 미얀마와 태국 사이에서 언제 어떻게 될지 모르는 불안한 상황 가운데 놓여 있다. 그렇게 긴 세월 동안 그들은 캠프 안에서 부족한 식량을 서로 나누며 살아왔다. 그들은 그들을 지켜 줄 나라가 없어서 불쌍한 처지에 놓인 자들일까? 그럴지도 모른다.

하지만 한 가지 분명한 점은 그들이 "오늘 우리에게 일용한 양식을 주시옵고"라고 기도할 때마다 그들은 전적으로 하나님을 신뢰하는 법을 배워 왔다는 사실이다. 일용한 양식을 주시는 분이 생명의 밥이 되시는 분임을 피부로 배우고 있는 것이다.

때로 나에게 일용한 양식이란 급히 한 끼를 때우기 위해 편의점에서 사 먹는 컵라면이었고, 생명의 밥이란 어머니가 방금 지으신 김이 모락모락 나는 쌀밥이었으며, 성찬은 구별된 장소에서 내 차례가 될 때까지 기다려 받아먹는 얇고 납작한 풀빵이나 손으로 뜯어 먹는 빵이었다. 각기 다른 상황에서 겪은 이 경험들이 '주님과 또 지체들과 함께하는 밥상'이라는 그림으로 하나로 통합될 수는 없을까?

  나는 카렌 민족의 집에서 경험한 만찬을 통해 그 가능성을 엿볼 수 있었다. 혹자는 성경을 마음대로 각색하면 안 된다 하겠으나 나는 오늘도 예수의 말씀을 이렇게 상상하며 듣는다. "나는 생명의 토르티야, 파스타, 쌀국수, 인제라, 쌀밥이니 내게 오는 자는 결코 주리지 아니할 터이요 나를 믿는 자는 영원히 목마르지 아니하리라. 너희는 밥과 국, 그리고 보리차를 마실 때마다 나를 기억하라."

23　춤을 추어야 예배이다

> 하나님께서 지으신 모든 것이 선하매 감사함으로 받으면 버릴 것이 없나니(딤전 4:4)

수백 명의 북미의 한인 2세들을 대상으로, 미국과 캐나다의 국경에서 가까운 한 도시에서 선교 대회가 열렸다. 이 대회에 나와 몇몇 인도자가, 한인 2세들이 좀 더 색다른 예배 체험을 할 수 있도록 다민족 예배를 인도해 달라고 초청을 받았다. 함께 예배를 인도하는 팀 중의 한 선교사님은 아프가니스탄에서 사역한 음악 선교사로 아프간 전통 악기를 연주하며 찬양을 부르기로 했고, 인도의 타악기 타블라와 시타르를 연주하는 멤버들도 있었다.

서구의 팝이나 록 음악 등 대중음악이 기반이 되는 찬양에 익숙한 한인 2세들에게는 우리가 준비한 예배만으로도 상당히 이질적인 예배의 경험이 될 것이 분명했으나 더욱 충격적인 체험이 이들을 기다리고 있었다. 다른 팀이 기획한, 캐나다 원주민 가족이 새 깃털과 동물 가죽으로 만든 원주민 복장을 입고 분장을 한 채 큰 북을 치며 전통 춤을 추는 순서가 있었던 것이다.

평상시에 들어 본 적이 없는 낯선 언어들의 노래와 낯선 악기들이 연주되자 청중은 무척이나 어색해했다. 나는 찬양 인도를 하면서 회중이 깊이 참여하지 못하는 것 같으면 그들의 눈길을 피하려고 눈을 감는 습관이 있었는데 그 예배에서는 눈을 자주 감을 수밖에 없었다.

드디어 전통 복장을 한 원주민 가족이 등장했다. 그들은 깃털을 펄럭이며 큰 북을 둥 둥 둥 둥 치면서 한쪽 발을 들고 빠르게 회전하며 크게 소리를 질렀다. 그들의 찬양은 가사가 없는 챈트(chant)[20]였는데, "헤! 해야! 헤 해야! 헤! 해야! 헤 해야!" 하는 큰 소리가 장안을 가득 메웠다.

대부분의 회중은 도대체 어떻게 반응해야 할지 몰라서 몹시 당황하는 표정을 지었다. 현장에 있던 지도자들 역시 흡사 한국의 굿판을 연상시키는 예배에 놀라 혼란에 빠지기도 했을 것이다.

더구나 이 가족이 선곡한 다음 찬양의 가사는 이러했

---

20 북소리 반주에 따라 반복적으로 소리치는 캐나다 원주민들의 단선율 창법이다.

다. "당신들은 우리에게 질병을 가져다주고, 우리 자녀들을 부모에게서 납치해 가고, 우리의 언어와 문화, 음악과 춤을 말살했죠. 그러나 이제 우리는 당신들을 용서합니다. 예수의 보혈이, 오직 그 보혈만이 우리로 당신들을 용서하게 했습니다."

성경에서 예배를 설명하는 히브리어 '샤하'나 헬라어 '프로스쿠네오'는 '엎드리다', 그리고 '입 맞추다'라는 뜻으로, 직접 몸을 사용해서 존경과 사랑을 표현한다는 의미이다. 즉 예배로 번역된 성경의 어떤 단어들은 마음에서 우러나는 몸의 표현으로 예배를 정의하고 있는 것이다. 예배는 몸의 예전(禮典)이다. 몸이 움직이지 않는 마음의 표현은 있을 수 없다. 예배는 항상 전인격의 반응과 참여를 요구하는데 몸이 빠진 반응과 참여는 불가능하다.

그런데 교회는 언제부터인가 예배의 지적인 측면만을 강조해 왔다. 감정에 치우친 예배를 경계하고, 경망스럽게 움직이는 것을 지양하지만, 반대로 과하게 지적인 예배에 대해 경고하거나 걱정하는 경우는 거의 들어 본 적이 없다.

예배 시간 내내 다른 예배자들과 아무런 교통이 없었다 해도, 설교를 머리로만 이해할 뿐 마음에 아무런 찔림이나 울림이 없었다 해도, 그리고 가사에 동의하는 마음 없이 기계적으로 찬양을 불렀을 뿐이었다고 해도, 우리는 그 자리에 있었다는 이유만으로 예배를 드렸다고 생각한다.

사실 이런 예배 역시 치우친 예배이다. 말씀이신 하나님은 문자로 자신을 계시하셨으나 활자 안에 갇히시는 분이 아니다. 하나님은 우주에서 가장 창의적인 분이시다. 성경에 기록된 하나님의 첫 번째 사역은 무에서 유를 창조하시는 것이었다. 아무리 창의적인 사람일지라도 무에서 유를 창조할 수는 없다. 그러나 우리는 하나님의 형상을 닮게 창조되었기에 하나님이 창조하신 재료를 재조합하여 창의적으로 표현할 수 있는 예술적 능력을 부여받았다. 창의성과 상상력 그 자체는 타락의 결과가 아닌 신성의 반영이다.

다양한 사람들과 예배하다 보면 한 번도 상상해 보지 못한 방법으로도 예배하게 된다. 활자가 없는 구전 문화권에서 온 사람들은 가사가 단순하고 반복적이며 몸동작이 많은 찬양을 부른다. 그들은 이렇게 말한다. "춤을 춰야 예배지, 어떻게 춤을 추지 않고 예배할 수 있나요?" 아프리카 사람들과 예배하다 보면 두 시간 넘게 춤을 추어야 하기에 체력이 한계에 다다를 때가 많다.

예배와 예술은 밀접한 관계가 있다. 예배는 하나님의 무한한 아름다움, 영광, 진리에 대한 인간의 제한된 반응이다. 그래서 교회는 말과 언어로 다 드러낼 수 없는, 하나님을 향한 벅찬 감격을 춤으로, 그림으로, 소리로 표현해 왔다. 교회 역사를 보면 이러한 성상과 성화에 대한 입장 차이로 교회가 분열되기도 했다.

나는 여러 나라를 여행하며 많은 교회를 방문했는데 그중 어떤 교회들에서는 회중의 얼굴과 머리 부분만 예배에 참여하게끔 제한하는 것처럼 보이기도 했다. 그런 예배에서는 뇌, 눈, 귀, 입을 제외한 손, 발, 몸통은 소외당한다. 미국에서 열린, 적극적인 감정 표현이 다소 제한된 분위기의 예배 콘퍼런스에서 아프리카에서 온 한 친구가 이렇게 말했다. "당신들은 목 위로만 예배하죠? 우리는 몸 전체로 예배한답니다!"

신체의 여러 부분을 다 사용해서 예배하도록 장려해야 하는 이유는 무엇일까? 이것은 우선, 신체적 장애가 있는 이들을 위한 환대와 배려 차원이다. 교회는 그리스도의 몸이다. 그리스도의 몸인 우리는 유기적으로 연결되어 있기에 어떻게든 함께 예배하고자 노력해야 한다.

이 그리스도의 몸에는 불편한 몸도 포함된다. 뇌, 눈, 귀, 입에 장애가 있는 이들은 어떤 방법으로 소통하고 표현하며 예배에 참여할 수 있을까? 손발을 자유롭게 움직일 수 없는 이들과는 어떻게 함께 예배할 수 있을까? 몸에 에너지가 많은 이들을 배려한 예배는 어떤 모양일까? 장애나 쇠약함으로 쉽게 몸을 움직일 수 없는 이들을 배려한 예배는 어떠해야 할까? 우리가 함께 예배하는 이들은 실제로 몸을 지닌 이들임을 잊지 말아야 할 것이다.

이런 주장을 하다 보면, 예배에서 문화적이고 예술적인 표현이 도대체 어디까지 가능한지에 대해 질문을 많이 받는다.

질문: 언어가 없는 예술로 복음을 전할 수 있나요?
답: 일반 계시인 자연만을 통해 그리스도의 죽음과 부활을 믿는 믿음을 갖기는 어렵듯이 메시지를 분명하게 전할 수 없는 예술 작품을 통해 복음을 자세하게 전할 수는 없겠지요. 하지만 영화 "미션"에서 예수회 선교사가 정글의 인디오들을 만났을 때 "가브리엘의 오보에"를 연주해서 첫 만남의 긴장을 어느 정도 완화시킨 것처럼 예술은 사람과 사람의 어떠한 접촉점과 매개가 될 수 있습니다. 또 연주회나 예술 작품 전시회를 듣고 보며 하나님에 대한 신앙이 없는 이들과 진지한 대화를 시작할 수도 있게 되죠.

질문: 하지만 아무 예술 장르나 다 사용할 수는 없지 않나요? 악한 문화의 토양에서 나온 예술을 예배에 사용해도 될까요?
답: '모든 예술은 가치 중립적이다'라는 주장과 '모든 예술은 악하거나 선하다'라는 주장은 오랫동안 대립해 왔고

앞으로도 그럴 것입니다. 중요한 것은 하나님께서 영혼을 구원하시듯이 악한 문화에서 태동한 예술 장르 또한 구속하실 수 있다는 것입니다. 예를 들면, '정령 숭배에 사용되던 악기나 장신구를 예배에 사용할 수 있을까?'라는 주제는 논쟁을 불러일으킬 수 있는 이슈인데요. 많은 고민과 대화가 필요하겠지만 저는 잘 분별하여 사용할 수 있다고 생각하는 입장입니다. 다만 공동체가 신중히, 그리고 천천히 분별하며 아직 특정 예술 장르나 표현 방식에 강한 거부감을 가진 지체들을 보살피며 접근해야겠지요. 공동체의 역사와 문화에 대한 이해가 없는 채로 외부에서 된다 안 된다 결정할 문제는 아니라고 봅니다.

질문: 예배와 공동체의 질서를 위해서는 다양한 표현을 장려하는 것보다 교회의 전통을 따르는 편이 낫지 않을까요? 이런 시도가 오히려 예배를 무질서하게 만들 것 같아요.

답: 그 주장도 일리는 있습니다. 하지만 성경의 예배는 선교적 예배로 향하고 있는데, 그 예배란 모든 민족이 모여서 함께 자신들의 문화와 예술로 다양하게 하나님을 찬양하는 예배입니다. 저 역시 이 예배의 모습을 유추하고 상상할 수밖에 없는데요. 요한계시록 21:26을 보면 새 예루살렘에 "사람들이 만국의 영광과 존귀를 가지고 그리로 들어가겠고"라고 합니다. 모든 민족이 그들의 문화와 예

술, 그 이상을 가져와 각각의 모습으로 하나님께 영광을 돌리는 놀랍도록 아름다운 잔치의 모습이 마침내 이루어질 완성된 예배가 아닐까요? 그리고 복음에는 모든 것을 획일화시키는 대신 다양성 안에서 하나 됨을 만들어 내는 힘이 있다고 믿습니다. 저는 제가 속한 예배 공동체에서 이미 그리스도의 대속과 부활의 믿음에 뿌리내린, 다양성 안에서 하나 되는 예배를 경험하고 있어요. 저는 이 예배가 복음적이고, 성경적이며, 선교적이고, 또한 실제로도 얼마든지 드릴 수 있는 예배임을 매일 경험하고 있습니다.

다소 경직된 전통 교회 안에서 어린 시절을 보낸 나는 지금도 예배 때 자연스럽게 춤을 추지 못한다. 다른 민족이 기쁘게 춤을 출 때도 나는 가볍게 몸을 흔들거나 위 아래로 껑충껑충 뛰는 어색한 동작만 할 뿐이다. 하지만 나는 상상한다. 손을 잡고 춤추시는 삼위 하나님의 모습을. 그분이 우리를 향해 기쁘게 노래하시는 분이라면 왜 기뻐 춤추시는 모습 또한 상상하지 못하겠는가? 나의 상상 속에서는 우리가 삼위 하나님의 원 안으로 뛰어 들어가 같이 손잡고 춤추는 축제의 예배가 이미 실재하고 있다. 모든 희미함이 사라지고 얼굴과 얼굴을 마주하며 춤출 그날에도 여전히 소통을 위한 문자가 필요할지 정말 궁금하다.

24 환대에는 용기가 필요하다

손님 대접하기를 잊지 말라 이로써 부지중에 천사들을 대접한 이들이 있었느니라 (히 13:2)

백인 위주의 미국 교회를 방문하면 한국 교회와는 사뭇 다른 방식으로 환영을 해 준다. 개인주의 문화가 주류인 미국에서는 소위 지나친(?) 환영을 하지 않는다. 사회자가 새로 나온 이들을 간단하게 소개하고, 방문자 카드에 신상 정보를 남겨 달라고 부탁하거나 오리엔테이션에 참석하라고 안내를 한다. 만약 방문자 카드를 쓰지 않거나 오리엔테이션에 참석하지 않으면 그 교회에 계속 출석하더라도 아무도 아는 체하지 않을 가능성이 높다.

나는 오랫동안 한인 교회에 출석하다가 미국 교회에도 다녔는데 미국 교회에서는 내가 환영받는 듯한 느낌을 받지 못했다. 나중에 미국인 친구에게 들은 바로는 프라이버시를 존중하기에 과한 환영을 하는 대신 내버려 두는 것이 오히려 환대를 표현하는 방법이라고 했다.

한인 교회에서처럼 새로 나온 사람을 찾아가 반갑게 인사를 하고, 예배 중에 일으켜 세워 환영하는 노래를 불러 주며, 예배 후에는 잘 차려진 다과 모임에 오라고 초대한다면 대부분의 미국인은 적잖이 당황할 것이 분명하다. 이처럼 환대의 모습은 문화에 따라 다르다. 각 문화의 환대의 언어를 익히려면 긴 시간을 함께 보내며 깨지고 부딪히면서 몸으로 습득해야 한다.

미국인들의 모임에 가면 일반적으로 두세 명씩 짝을 지어 대화하고 있는데, 누군가 그곳에 도착해도 대화를 멈추거나 그 사람에게 다가오지 않는다. 이런 상황에서 나는 환대를 느끼지 못한다. 아프리카, 아랍, 남미, 아시아에서 온 이들은 대부분 모임 중에 누가 오면 하던 일을 멈추고 몰려가 격하게 환영한다.

왜 이런 차이가 있는 걸까? 개인주의 문화인 미국에서는 내가 지금 대화하고 있는 상대방이 중요하다. 그래서 웬만해서는 대화를 중단하지 않는다. 그것을 내 앞의 사람에 대한 무례함으로 간주하기 때문이다. 하지만 집단주의 문화에서 자란 이들은 누가 들어오면 하던 일을 중단하고 다 같이 환영해 준다. 그것이 그들에게는 자연스러운 환대인 것이다.

문화를 초월해서 일반적으로 사람들은 타인을 환대한다. 그것은 우주적이고 보편적인 현상이다. 환대는 사회적으로 복지 제도가 없던 고대 사회부터 내려온, 사람들이 함께 살아가는 방식이다. 그리고 기댈 곳이 없는 이들을 위한 보편적인 복지였다. 환대는 복음적이다. 환대에는 조건 없이 용납하시는 하나님의 속성이 녹아 있다. 그러나 환대의 경계는 문화마다 다르며, 그렇기에 환대는 필수적이지만 그 방식은 복잡하다. 환대를 실천할수록 환대의 복잡다단한 여러 면을 마주하며 고민하게 되는 것이 정상이다.

환대는 또한 위험성을 내포하고 있다. 창세기 19장에서 롯은 천사 둘을 자기 집으로 영접한다. 히브리서 13:2에 나오듯이 롯은 환대를 베풀다가 자신도 모르게 천사들을 환대하게 되었다. 하지만 이로 인해 소돔의 악한 무리가 집으로 쳐들어와서 롯은 곤경에 처한다. 환대를 실천하지 않았다면 이러한 어려움을 만나지 않았을지도 모른다.

환대의 실천에 익숙해졌다고 생각하는 순간 또다시 환대가 낯설게 느껴지는 때가 온다. 우리 누구도 환대에 있어 모든 답을 다 알지는 못한다. 단지 가 본 만큼 알게 되고 그마저도 다시 수정해야 할 상황이 생긴다. 더구나 문화를 넘어 환대를 실천하자면 여간 곤혹스러운 것이 아니다. 한 문화에서는 환대로 여겨지는 행동이 다른 문화에서는 무례한 일이 되기도 하기 때문이다.

하루는 커피숍에 들렀다가 지인에게서 무슬림 부부를 소개받았다. 남자가 먼저 나에게 손을 내밀어서 인사하기에 나도 반갑게 인사하며 내 소개를 했다. 그리고 그의 아내에게도 손을 내밀었다. 별 의도 없이 자연스럽게 이어진 행동이었다. 그런데 그녀가 정색을 했다. "저는 남성의 몸에 손을 대지 않습니다." 얼마나 무안했는지 어디로라도 숨고 싶었다.

나는 상대가 속한 문화의 환대 방법을 배우기 위해 이런 질문을 던진다.

"집에 손님이 오면 어떻게 환영하나요? 무슨 말을 하고, 어떤 것을 권하나요?"

"누군가 모임 중간에 도착했을 때 그를 어떻게 환영하나요? 어떤 행동을 하고, 어떤 말을 하나요? 다 같이 모임을 멈추고 환영하나요, 아니면 그와 상관없이 모임을 이어 가나요?"

"교회에 새로 온 사람을 예배 전과 후에 어떻게 환영하나요? 왜 그렇게 하나요?"

모든 환대에는 경계가 있고 그 경계는 문화와 상황마다 다르다. 그렇기에 누구도 환대를 한마디로 정의 내릴 수는 없다. 그저 확실한 것은 환대가 복음의 방향과 일치하며, 우리를 조건 없이 환영하시는 그리스도의 성품을 반영한다는 것이다. 나는 환대가 단지 복음의 문을 열게 도와주는 도구라고 생각했으나 이제는 환대가 복음의 일부라고 확신한다. 그러므로 우리는 서로를 향한, 그리고 낯선 이를 향한 환대를 멈추어서는 안 된다. 많은 질문과 고민을 안고 가더라도 말이다.

하루는 우리 공동체가 사무실과 예술 학교로 사용 중인 건물 안에서 친구와 대화하고 있는데 밖에서 여성의 비명 소리가 들렸다. 놀라서 친구와 성급히 밖으로 나가 보니 차 안에서 남성이 여성을 때리고 있었다. "멈춰요. 당장!" 친구가 소리쳤다. 남성은 움찔했고 여성은 더 크게 반항하며 소리를 질렀다. 곧 차 밖으로 나온 여성이 운전석에 앉은 남성에게 빨리 가 버리라고 고함을 쳤지만 남성은 우리에게 그녀가 자기 여자 친구라고 하면서 물러서지 않았다.

친구와 나는 당황스러웠지만 우선 상황을 진정시키려고 최선을 다했다. 친구가 사무실에서 물병을 가져와서 그들에게 건넸다. "자, 여기 찬물이 있으니 일단 들이키고 좀 진정해요." 그들은 물병을 받았으나 마시지는 않고 흥분을 가라앉히지 못한 채로 계속 씩씩거렸다. 전화 한 통이면 경찰을 부를 수 있었지만 혹시라도 남성이 여성에게 중요한 존재이거나, 서류 미비 이민자인 경우 영구히 추방될 수도 있고, 아니면 감옥에 갇힐 수도 있기에 일단은 보류했다. 남성은 차에서 계속 욕설을 퍼붓다가 결국 시야에서 사라졌다. 우리는 여성을 따라 한동안 말없이 함께 걸었다.

걷는 동안 두려움이 몰려왔다. 만약 흥분한 남성이 다시 우리를 쫓아와서 총을 쏜다면? 그가 갱단의 멤버라서 나중에라도 우리에게 해를 가한다면? 여성을 지키려고 두 가족의 가장이 위험한 상황 안으로 뛰어들어 갔다. 여러 생각이 들었지만 그때는 그녀의 안전이 우선이었기에 친구와 나는 그녀를 안전한 곳으로 데려다 주었다. 그녀는 고맙다는 인사를 할 경황조차 없어 보였다.

그렇게 완전히 낯선, 우리와 아무 상관도 없는 이를 위해 우리는 시간과 에너지를 소비했다. 그 작은 행동은 무모한, 불필요한 것이었을까? 차라리 경찰을 부르는 편이 낫지 않았을까? 그녀를 돕는 일이 복음과 하나님의 나라와 직접적인 연관이 있었을까? 생각이 꼬리에 꼬리를 물고 이어졌다.

환대는 우리를 낯선 곳으로 인도한다. 그리고 환대는 나와 전혀 상관없는 이에게 베풀다가 나의 가장 귀한 것을 잃을 수도 있는 위험을 내포하고 있다. 그래서 환대는 분별력과 지혜, 숙련된 기술과 경험을 필요로 한다. 또한 그 이상의 용기도 필요하다. 상처받을 용기, 아무것도 돌려받지 않아도 괜찮을 용기, 오히려 오해와 비난을 받을 수도 있는 상황에 처할 용기.

그 용기를 가지고 환대하는 삶을 살아갈 모든 이들을 위해 기도한다. 우리를 두 팔 벌려 환영하시는 삼위 하나님의 아름다운 품에 안길 그날까지 이 위험하고 눈부시게 멋진 여정을 계속할 수 있기를.

이야기를 마치며

아직도 나누고 싶은 이야기가 많은데 이 한 권의 책에 다 담을 수 없어서 아쉽다. 누군가 책은 저자와의 만남이라고 했다. 짧은 만남이지만 당신의 마음에 깊은 울림을 주는 한 문장을 만났기를, 그리고 그 울림이 타인을 향한 환대의 공간을 창조하는 데까지 커져 갈 수 있기를 바란다.

"가시나무"라는 노래는 이렇게 시작한다. "내 속엔 내가 너무도 많아 당신의 쉴 곳 없네." 환대는 내 속에 있는 내 자리를 줄이고 타인이 쉴 자리를 만드는 것이다. 진정으로 남을 환대하기 위해서는 우선 나 자신을 환대하는 법부터 배워야 한다. 이 여정을 어떻게 시작해야 할지 몰라서 혼란스러웠다면 이 책이 당신을 위로하고 격려하며, 나아가 그 방향을 가르쳐 줄 것이다. 환대의 여정에서 길어 올린 당신의 이야기들을 듣고 싶다.